中学校

実務が必ずうまくいく

小林康宏 [著]

国語科
主任の
仕事術

55の心得

明治図書

はじめに

　端的に言って，国語科主任に求められることは，何でしょうか。
　それは，国語科教科会の「マネジメント」です。
　すなわち，複数の国語科教員で構成される国語科教科会が担う役割を効率的に，円滑に，運営・推進していくことです。
　では，国語科教科会が担う役割とは何でしょうか。すぐに思い浮かぶのは，以下のような「教科運営」に関わる仕事です。
・定期テストの範囲を教科会内で共有して授業を行う
・定期テストの範囲を各学年の係に伝える
・各学期の評定をつけて，各学年の係や学級担任に伝える
・夏休み前に読書感想文コンクールの案内をする
・文化祭前に行う意見文コンクールの企画・運営をする
　これらのことが円滑に進んでいくためには，「見通し」をもつことと，教科会メンバーそれぞれに「役割」があることが重要です。

　では，見通しや役割をはっきりさせていくために，国語科主任としてどんなことが必要になるでしょうか。
　カギとなるのは「教科会」です。教科会の内容を吟味することにより，教科会で行う業務を見通しをもって行うことにつながり，教科会メンバーが役割を自覚し，前向きに取り組むことにつながります。
　本書では，教科運営が充実するための教科会のもち方，話題について具体的に示しました。

　しかし，国語科教科会が担う役割は教科運営だけではありません。教科会の機能が校務推進のための教科運営にとどまっている学校は多いのですが，教科会の担う役割として最も肝心なことは，「生徒の学力向上」です。

教科会メンバーは，一人ひとりが国語科指導の専門職です。教科会メンバーの知恵や経験を集めて，生徒の国語科の学力を向上させることにこそ，国語科教科会の本当の意義があります。

　では，そのために国語科主任はどのようなことをしたらよいのでしょうか。本書では，2つの観点から生徒の学力向上のための授業改善へのポイントを示しました。
　1つ目は，教科会メンバーの「授業」の共有です。50分の授業を参観するという，授業丸ごと共有ということもあります。一方，授業は「発問」「板書」など様々な要素で構成されていますから，それらを共有することも，お互いの授業力をさらに向上させることにつながります。本書では，授業の構成要素をあげ，どのような意識で，どのように共有を進めていけばよいのかについて示しました。
　2つ目は，国語科の「各領域の特性」の共有です。「話すこと・聞くこと」「書くこと」「読むこと」それぞれに特性があります。中には，領域間で共通したものもあります。これらを改めて国語科主任が意識し，教科会メンバーに共有することによって，お互いの授業がより焦点化されたものになるでしょう。本書では，授業を行っていく際に必ず踏まえておきたい各領域の特性をあげ，特性に応じた授業の方向性を示しました。

　円滑な教科運営ももちろん大切ですが，教科会メンバーで一体となった授業改善は，昨日まで机に伏せていた生徒が教科書を開き，鉛筆を握る姿につながっていくでしょう。教科会メンバーと共に生徒にとって楽しく力がつく授業づくりを目指したい先生にとって，本書が1つの手がかりとなることを願っています。

2025年2月

小林康宏

もくじ

はじめに 002

第1章
年度はじめに行うこと

01　教科会の先生方と仲良くなる　008
02　力がつき，すきまを埋める年間指導計画を作成する　010
03　観点別評価についての意識を合わせる　012
04　係の分担は公平を期する　014
05　授業の約束事を決める　016
06　漢字指導の方針を決める　018

第2章
教科会を教科運営と授業改善の柱にする

07　教科会の2つの役割を意識する　022
08　短時間の教科会を定期開催する　024
09　教科会の内容に一貫性をもたせる　026
10　教科会で扱う議題は早過ぎず，遅過ぎず　028
11　教科会は教室で行う　030
12　教科会で授業の話題を積極的に投げかける　032
13　単元のルーブリックを無理なくつくる　034
14　生徒の様子についての情報交換をする　036
15　うまくいかなかった授業のエピソードを出し合う　038
16　進度調整は柔軟に行う　040

17　授業に生かすという視点で学力調査を分析する　042
18　縦もち，横もちそれぞれの特徴を生かす　044
19　国語科通信で「よさ」を伝える　046
20　研究授業づくりをリードする　048
21　最終の教科会を丁寧に行う　050

第3章
教科会メンバーの知恵を集めて授業改善を図る

22　授業を見合う風土をつくる　054
23　各々のもち味を大切にして学び合う　056
24　得意な先生に学びながら教科としてICT活用を進める　058
25　ICT活用はベースラインを設定する　060
26　補欠授業で様々な情報を得る　062
27　板書を共有する　064
28　生徒がのってきた発問を共有する　066
29　ワークシートや自作資料を共有する　068
30　授業動画を見合う　070
31　本を紹介し合う　072
32　研修に出かけ，報告する　074
33　主任自身の授業の腕を磨く　076

第4章
各領域の授業づくりのポイントを共有する

34　学習指導要領の構造を共有する（話すこと・聞くこと）　080
35　短時間で効果的な活動を考え合う（話すこと・聞くこと）　082
36　魅力あるテーマを考え合う（話すこと・聞くこと）　084

37　階段を上るように活動を仕組む（話すこと・聞くこと）　086
38　単元で大切にする考え方を決め出す（話すこと・聞くこと）　088
39　発表し合う場を大切にする（話すこと・聞くこと）　090
40　学習指導要領の構造を共有する（書くこと）　092
41　調査活動を精選する（書くこと）　094
42　「書き方」を確実に指導する（書くこと）　096
43　時間がかかることを計算する（書くこと）　098
44　書いたものを交流し，自信をもたせる（書くこと）　100
45　指導事項の構造を共有する（読むこと）　102
46　「読み方を学ぶ授業」を合い言葉にする（読むこと）　104
47　文学的文章の教材研究を共有する（読むこと）①　106
48　文学的文章の教材研究を共有する（読むこと）②　108
49　説明的文章の教材研究を共有する（読むこと）　110

第5章
定期テストと評価を充実させる

50　「どのクラスの平均点も上げる」という意識を共有する　114
51　作問を通して授業力を磨き合う　116
52　定期テストに初見の文章を使う　118
53　「話す・聞く」「書く」の作問を工夫する　120
54　採点基準の検討を丁寧に行う　122
55　授業中の姿をどう評価するかを共有する　124

おわりに　126

第1章
年度はじめに行うこと

01 教科会の先生方と仲良くなる

> 生徒の国語の学力を伸ばすために，1年間，共に歩む仲間が教科会の先生方。出会いでは，お互いの様々な面を知り合うことが大切になる。

緊張感を少しずつほぐす

4月1日は学校にとっては元旦，1年の始まりの日です。

異動によって，教職員にも入れ替わりがあると，新しいメンバーでの国語科の教科会もここから出発となります。以前，同じ中学校で勤めたことがあるという方々が再び出会うという場合もありますが，多くははじめての出会いとなります。

異動してきた先生を自分が迎える場合も，自分が異動して新しい職場で迎えていただくときも，主任として最初の教科会を運営していく必要があります。

その際，まず大切にしたいのは，**お互いの緊張を少しずつほぐす**ことです。

国語の授業以外でのお互いを知る

緊張感は，お互いを知らないことから相手に対して警戒をすることによって生まれてくるものです。したがって，緊張感をほぐすには，お互いに知り合うことが必要になります。

第1回目の教科会のはじめの時間で自己紹介をし合い，懇談する時間をとります。

ここで大切なのは，2つの段階でお互いを知ることです。

お互い同じ教科を担当する者同士，自分よりも楽しくてためになる授業をするのかなどが気になるところです。したがって，お互いを知り合う時間の際，最初に国語の授業づくりについて話題にすることは，最初の緊張状態をほぐすのにあまり効果的ではありません。

　まず，**国語の授業以外でのお互いを知る**ことです。このときに，お互いの共通点が見えると，安心感が生まれます。

　これまでどの学校で勤めたことがあるか，そのときに国語の教科会にいた人はだれか，また，担当してきた部活動は何か，こういったことを話すことで，自分も同じ学校に勤めたことがある，名前が出てきた先生を知っている，自分も同じ部活動を担当してきたなどの共通点が見つかると，そこから話が広がっていき，親近感が増していきます。

国語の授業づくりについてお互いを知る

　次に，**国語の授業づくりについてのお互いを知り合う**ようにします。

　古典，小説，評論など自分が好きな分野，横もち方式で２年の全クラスを受けもっていた，縦もち方式で各学年１クラスずつ受けもっていたなどの前任校での授業のもち方などを述べ合ったりすることも，お互いを知るために大切なことです。

　ノートを使うのか，ワークシートを使うのかといったことや，基本的にどのような授業展開をするのかを述べ合うことも大切なことです。そして，お互いをできるだけ詳しく知り合い，そして**共感し合うこと**が，距離を縮めていく第一歩になります。

１回目の教科会では，お互いの様々な面を知り合える時間を設ける。主任が話題を積極的に示し，主任が最初に自己開示していくことで，お互いの安心感が生まれる。

第1章　年度はじめに行うこと　009

02 力がつき，すきまを埋める年間指導計画を作成する

年間指導計画作成のために必要なことは2つ。1つは，これまでやってきたことを生かして生徒にとって力のつく計画にすること。もう1つは，「すきま」を埋めること。

力がつく年間指導計画をつくる

　年度末になると，次年度の年間指導計画を作成します。

　このとき，今年度行ってきたことをまったく振り返らず，年度だけ変えて次年度の計画にしてしまうという方法が，最も手っ取り早く年間指導計画を作成する方法です。

　手っ取り早くつくることはできるのですが，その精度についてはどうでしょうか。

　基本的に，教科書会社が作成した年間指導計画を基にして，学校の年間指導計画が作成されます。各教材を指導する時期，時数などは，教科書会社が作成したものをそのまま使うことが多いでしょう。おおむね定期テストの周期に合うように教材は配列されているので，教科書会社が作成した年間指導計画に準拠することは大変便利です。

　しかし，実際に授業をしてみると，当初計画していた時数では足りず，かけ足で単元を終わらせた，反対に，計画していたほど時数が必要なかった，といったことがあります。ですから，基本的にこれまでのものをベースに年間指導計画を作成していくことはよいとしても，**生徒に各教材を通して確実に力をつけていくためには，各教材にあてる指導時数の見直しを，教科会で行うことが必要になります。**

ただ，年度末に1年分の時数を検討することはあまり効果的ではありません。1学期のはじめに扱った教材などは，そのときの様子を忘れてしまっていることが多いものです。そこで，**定期テストが終わったときの教科会で，指導時数について振り返る機会を設け，次年度の年間指導計画作成のために生かせる情報を蓄積していきます。**

「すきま」を埋める

　期末テストが終わった後，学期末休業までの国語の授業で何をしていくかといったことは，各教科担任の裁量に任されている学校が多いでしょう。

　「期末テストまでは教科会で歩調を合わせて授業を進めてきたのだから，せめて学期末くらいは自分がやりたいことを生徒と楽しみたい」といった考えの先生もいるでしょう。一方で，「どんなことをして学期末休業までの時間を使っていくのか，本当は毎学期途方に暮れている」という先生もいることでしょう。

　教科書には，巻末に「参考」という形で，様々な教材が掲載されています。これらの教材をあらかじめ年間指導計画の中に位置づけると，教師が自分で教材を見つけてこなくても，授業を行うことができます。また，**巻末教材の多くは，教科書本体の教材と関連しているので，本教材を学習してついた力を生かす場にもなり，一層の力の定着につながります。**

　巻末に掲載されている教材を年間指導計画の中に位置づけることにより，どの教師も学期末の授業を安心して行うことができます。なお，**やりたいことがある先生には，やってみたいことを存分にすることも奨励します。**

生徒に力がつく年間指導計画を作成するためには，定期テストごとに各教材の指導にかかった時数を記録し，次年度の年間指導計画に生かすことが必要。学期末は教科書巻末教材の活用が効果的。

03 観点別評価についての意識を合わせる

生徒に確実に力をつけていくためには，各領域の特性に沿った評価を行う必要がある。また，観点別の評価について，教員相互の意識を合わせる必要もある。

領域の特性に沿った評価を

　国語の授業を1年間行っていく中で，生徒一人ひとりを公平にみていくという意味で，各教師の評価に対する考え方を共有する必要があります。

　国語科には3つの領域がありますが，領域の特性に応じて，どのような活動を設定して評価をしていくのかを，公平性の観点から教科会で意識統一していく必要があります。さほど迷うことがないのは「読むこと」領域における［思考・判断・表現］の評価です。基本的には，毎回の授業での発言内容，ノートへの記述内容もさることながら，定期テストでの「読むこと」領域に関する大問に対する達成状況から評価していくことが可能であり，妥当でしょう。

　一方で，「話すこと・聞くこと」領域や「書くこと」領域における［思考・判断・表現］の評価については，生徒にその領域に沿った力がついたのかをペーパーテストで評価することは難しいものです。実際の場面に沿った状況を示し，問いを作成し，答えさせることは可能ですし，取り組まれていることではありますが，それでは当該教材を通して生徒がつけた力を適切に評価することはなかなか難しいものです。それは，スピーチやパンフレット作成など，一人ひとりが異なるテーマで活動を展開していく「話すこと・聞くこと」「書くこと」領域の特性によります。どのような見方・考え方を働

かせたら，相手に沿った文章の構成ができるのかといった追究方法に関する理解は，ペーパーテストで診断することができます。しかし，その知識に基づいてどのように考え，表現するのかといったことは，実際にスピーチをしたり，パンフレットをつくったりといったパフォーマンスを評価しないと測ることは難しいものです。ただ，パフォーマンス課題を課して単元展開をしていくのには，教師の計画性が必要になります。そこで，**年度当初に「話すこと・聞くこと」領域と「書くこと」領域に関する活動と評価について共通理解を図ることが重要**になります。

［主体的に学習に取り組む態度］の評価

　観点別評価について，教員相互の意識を合わせる必要性が最も高い観点が［主体的に学習に取り組む態度］です。［主体的に学習に取り組む態度］とは，やみくもにたくさん手をあげたり，宿題をこなしてきたりすることとは異なります。『「指導と評価の一体化」のための学習評価に関する参考資料　中学校国語』（国立教育政策研究所，2020）によれば，［主体的に学習に取り組む態度］の内容は，①粘り強さ，②自らの学習の調整，③他の２観点において重点とする内容，④当該単元の具体的な言語活動，とされています。例えば，「粘り強さ」として，授業中当初もっていた考えを，他の生徒の考えを聞いて修正したとか，「自らの学習の調整」として，見通しをもって本時の課題を追究したことを振り返りに記述したといった姿を評価していきます。**何をどう評価するのか難しい観点ですから，各単元で［主体的に学習に取り組む態度］の評価の検討をすることも年度当初に確認します。**

「話すこと・聞くこと」「書くこと」については，パフォーマンス評価を大切にしたい。［主体的に学習に取り組む態度］の評価は単元ごとに確認する。

04 係の分担は公平を期する

教科会の中での大きな分担は3つ。1つは各学年の指導責任者。2つは運営者。3つはテスト作成者。これらを教科会メンバーの経験などを考慮し，公平に分けることが必要になる。

不公平感をもたれない分担

　分担する際には，「あの先生の仕事は少ないのに，自分はとても多い」とか，「研究授業をするのに，私の仕事がたくさんあって負担が重い」といった不公平感が生じないようにすることが大切です。

経験，状況を考慮する

　不公平感が生じないようにするためには，2つのことを考慮する必要があります。1つは，**経験**です。経験年数のごく浅い教師は，毎回の授業を行うだけで精一杯でしょう。したがって，年度当初，学期が始まる前にできる副教材の注文などの仕事は任せることができますが，1学期の間はテスト作成のような仕事を任せることは避けた方がよいでしょう。

　もう1つは，**状況**です。なんといっても，学級担任は忙しいです。担任をもっていない場合も，もちコマ数が多くなり忙しいのですが，学級担任を務めることの精神的・身体的負担は，ひとたびクラスで何かあれば相当なものになります。教科会の仕事の時期の重なりにも気をつける必要があります。例えば，夏休みなどに応募するコンクール関係の案内やとりまとめに関する仕事が多い学校では，コンクール関係を担当する教師には1学期の期末テスト作成の負担を軽くするといった配慮をするべきでしょう。

原案を示し，会議の時間は短く

「どれをやりたいですか？」と聞いて仕事を選んでもらうことで全員に責任が生まれ，張り切って取り組んでもらえる，といったことはなかなかありません。むしろ，**原案を示し，会議を早く終わる方が喜ばれる傾向があります**。もちろん，原案は公平を期し，よく考えたうえで示しましょう。

教科指導の分担

	責任者	1組	2組	3組	4組	5組
1年						
2年						
3年						

運営の分担
　　①研究推進　　　　　　　　　　【　　　】
　　②国語科研究室・備品等の管理　【　　　】
　　③副教材の注文　　　　　　　　【　　　】
　　④読書指導，図書館利用関係　　【　　　】
　　⑤作文関係全般　　　　　　　　【　　　】
　　⑥書写関係全般　　　　　　　　【　　　】
　　⑦テスト保存　　　　　　　　　【　　　】

テスト作成者

	1中間	1期末	2中間		2期末		3期末	
			総合①	総合②	総合③	総合④	総合⑤	総合⑥
1年								
2年								
3年								

教科会メンバーの経験値や状況を考慮して，バランスの取れた分担を示す。示す際には，意図や願いも説明することが，協力性や積極性につながる。

第1章　年度はじめに行うこと　015

05 授業の約束事を決める

教科会メンバーの経験年数や考え方には違いがあって当たり前。どの教師も同じように生徒に信頼されるためには,教師間での約束事が必要になる。

約束事の必要性

　教科会は,様々な授業観をもった教師で構成されています。また,経験年数もそれぞれです。そのような状況で何もそろえずに１年間をスタートさせると,少しずつ違いや差が生じてきます。やり方が違う程度でとどまればよいのですが,**指導の仕方の違いによって,定期テストの平均点に差がついたり,生徒の授業態度に差がついたりし始める場合があります。**

　定期テストでは点数を取らせることができず,授業もうまくない。このような評判を立てられた教師は,生徒や保護者から信頼を失いますし,教科会や学校そのものに対しても不信感を生むことにつながりかねません。

　教科会内で約束事を決めて実行していくことで,「どの先生もわかる,楽しい授業をしてくれる」といった信頼感につながっていきます。

何についての約束事か

　教科会で決める約束事としては大きく２つのことがあります。１つは**授業展開**,もう１つは**宿題**です。

　授業展開は,１時間の授業で何をどのように行うかということです。例えば,授業の振り返りです。生徒の自己調整力を高めるための振り返りの意義が広く周知されている現在,授業中に本時の振り返りを生徒にさせていない

教師は減っていますが，それでも振り返りが行われる教室とそうではない教室があります。また，振り返りの内容も「今日の授業は楽しかったか」といった感想を書かせるものから「本時，課題解決のために働かせた見方・考え方は何か」といったことを書かせるものまで様々です。また，振り返りの方法も，ワークシートに記述して提出させる教師もいれば，ノートに記述して提出させない教師もいます。板書についても，学習課題を毎回板書し，協働追究で出た発言を構造的に板書する教師もいれば，ほとんど板書しない教師もいます。

　このような違いは，やがて「差」につながる危険性をもっています。

　2つ目の約束事は，宿題です。漢字の書き取りを毎日の宿題にする教師もいれば，ある程度の期間を示してその中で計画的に漢字学習を進めることを指示する教師もいます。宿題は生徒にとってストレス要因ですから，これが教師によって違うことは，生徒にとっての不公平感に直結します。

どうやって約束事を決めるか

　国語科主任が教科会のメンバーに授業展開と宿題について1つの方式でやるように指示した場合，100％うまくいきません。それぞれの教師に専門職としてのプライドがあります。そこで，教科会メンバーの知恵を集める形で，約束事を決めていきます。ただ，その中で意見が割れる場合もあります。そういったときは，どっちでもよいというのではなく，話し合いで方向を決められるのなら決め，**難しければ一定期間それぞれの方法でやってみて，その後方向性を決めることが望ましいでしょう。**

授業経験が少ない教師でも，生徒にとって教師は教師。約束事を決めることは，授業の質の保障や向上にもつながる。年度当初にはっきりと決めておきたい。

06 漢字指導の方針を決める

1人1台の学習用端末での学びが盛んに行われるようになっても，漢字の読み書きは必要。教科会メンバーの中で，「成果」の差が出ないように気をつけたい。

たかが漢字指導，されど漢字指導

　言うまでもありませんが，中学校では修了時までに，いわゆる教育漢字1026字を書くことに加え，教育漢字以外の常用漢字の大体を読むことが求められています。

　中学校に入学する前に教育漢字が書けるようになっていれば，教育漢字については中学校で改めて学び直す必要はありません。しかし，実際にはなかなかそうはいかないものです。1人1台端末での学習が盛んに行われたり，友だちとの連絡などでSNSを使うことが多くなったりしても，ノートやワークシートなど，手書きが求められる機会はまだまだたくさんあります。加えて，定期テストや高校入試にも漢字の問題は出題されます。

　小説や評論・論説を読む学習に比べて，漢字の学習は地味ですが，漢字を正しく読み書きできるということは，生徒にとって大事な知識・技能です。

漢字指導の方法として

　漢字は日々の学習の積み重ねが必要ですが，教科会メンバーで漢字指導についての意識が共有されていないことがよくあります。

　それぞれの教師がそれぞれのやり方で漢字指導を行うことで，担当しているクラスの生徒一人ひとりが漢字の読み書きを正確にできるようになれば，

それに越したことはありません。

　しかし，実際には，教師によって漢字の定着率に差が出てしまうのが現実です。例えば，「定期テストの範囲の中に漢字の出題範囲を示し，通常の授業で漢字小テストはしない」というやり方を取ると，計画性があり，漢字を覚える力の高い生徒は定期テストで高得点を取ることができますが，そうではない生徒は，なかなか点数を取ることができません。

　意欲が高く，計画性もあり，覚える力も高い生徒に合わせた指導ではなく，**「漢字の学習はつまらない」と思い，計画性に乏しく，たくさんの漢字を一度に覚えることに課題のある生徒に照準を合わせることが必要**です。

　この前提に立つと，毎回の授業の少しの時間を使い，漢字指導に充てる必要性は，教科会メンバー間で共通認識できるでしょう。

　そうしたら，次は毎回の国語の授業での漢字指導の具体を検討していきます。「小テストの計画を示し，家庭学習を促したうえで，毎回の授業で10問程度のテストをし，回収して教師が採点する。次の授業で返却し，間違えた漢字については覚えるまで練習する」という方法もあるでしょう。生徒の多くが家庭学習を確実に行うことに難がある場合には「漢字練習の時間と小テストの時間を授業の冒頭で交互に設ける」という方法もあります。授業の冒頭の5分がもったいないという場合，教師が早めに教室に行き，休み時間のうちに問題を板書しておくという方法もあります。

　教科会のメンバーで，これまで各々がどのような指導をしてきたのか，そのよい点と課題を出し合い，相談し，指導スタイルの共有を図りましょう。

漢字指導は国語の授業づくりで避けて通れないこと。教科会メンバーの経験を踏まえ，知恵を出し合い，効果的な指導の方法をメンバー全員で共有し，使いたい。

第2章
教科会を教科運営と授業改善の柱にする

07 教科会の２つの役割を意識する

教科会の役割は２つ。１つは，教科の運営が円滑に進むこと。もう１つは，教師の授業力を向上させること。年度当初に２つの役割について共通理解を図りたい。

教科会の役割の１つは，教科の運営

　教科会には，教科の運営という大切な役割があります。
　教科指導の年間計画を作成し，それに基づいて授業をすることや，定期テストを作成し，採点し，学期末に評定を出す，といったことなどがそれにあたります。
　教科の運営として大切なことは，まず，**教師にとって負担過重にならないような量で仕事ができるようにすること**です。
　また，「明後日までに２学期の期末テストの範囲を教えてください」といった依頼は，急いで対応しなければならない仕事になってしまいます。したがって，**余裕をもって仕事ができるようにすることも必要**です。
　教科主任が見通しをもち，また，バランス感覚をもち，教科会をリードしていくことで，教科の運営は円滑に進んでいきます。
　一般的には，教科会というと，上にあげたような教科の運営面のことがイメージされます。
　教科の運営が円滑に進んでいくと，各教師が見通しと多少の余裕をもち，割り当てられた仕事を行っていくことができます。そのため，それぞれの仕事の質は向上することが期待されます。また，教科会のメンバーの仲もよくなっていくでしょう。

反対に，教科主任がいつも仕事に追われており，切羽詰まった状態で先生方に仕事を振っていくようだと，先生方の心に余裕がなくなり，見通しをもてず不安になりますし，イライラすることも多くなります。その結果，国語科の教科会のメンバーの仲は悪くなります。主任が依頼したい仕事を断られてしまうようなことも生じます。

　見通しとバランス感覚をもった教科の運営は非常に大切です。

授業力向上も教科会の大切な役割

　教科会には，もう１つ大切な役割があります。

　それは，教科会のメンバー相互の授業力を向上させることです。年間計画に沿って毎日の授業をこなし，定期テストを作成して，採点して…といったことはもちろん大切ですが，中学校の国語科専門の教師であるならば，「国語科の授業力を高めたい」「もっと生徒に『国語って楽しい』と思ってほしい，国語の力をつけてほしい」という願いをだれしももっているのではないでしょうか。

　また，「『少年の日の思い出』を対人物の視点で読んだらかなりおもしろい。だれかに聞いてほしい」などといった，教材に対するわくわく感を共有したいという思いをもつこともあるでしょう。

　そういった国語科の教師ならではの授業改善に対する思いや，教材に対する思いを話し合えるのが，国語科の教科会の場です。

　教科会を運営面での機能だけでなく，国語の授業力向上につながる場としても位置づけていきましょう。

教科会は教科の運営面のみを行う場と捉えられがち。年度当初に，授業改善についても学び合う場としたいことを先生方に投げかけ，共通理解を図る。

08 短時間の教科会を定期開催する

教科会メンバーの情報共有や，意識の共有は，円滑な教科指導の基盤。ただし，無計画に行ったり，ダラダラ行ったりすることはかえって逆効果となる。

教科会を開くことで気持ちがそろう

　日々の授業を行っていくと，効果的だった指導もあれば，反対に，うまくいかなかった指導もあります。また，生徒の授業態度についてもいろいろな思いが溜まっていきます。教科会を開くことで，そんな国語の授業づくりについてのよかったことや悩みを共有することができます。うまくいったことについて聞くと，「次は自分も試してみよう」という気持ちになります。また，教科会メンバーの授業づくりに関する悩みを聞き，解決法を一緒に探すことで，教科会メンバー相互の授業力が高まりますし，お互いの信頼関係も強くなります。同じ教科を担当している教師だからこそ，お互いの気持ちに共感し合うことができます。生徒の授業態度についての愚痴を聞いてもらう場としても教科会は機能を果たします。教科会には，授業の進度調整のような機能もありますが，上にあげたような，**お互いの精神面の健康を維持する機能**もあります。

2つのポイントを大切に

　したがって，教科会を開くことには大きな意義があるのですが，大切にしたい2つのポイントがあります。1つは，**いつ行うかを決めて年度当初に知らせること**です。行う日があらかじめ決まっていると，他の仕事との調整が

でき，見通しがもてます。

　もう1つは，**終了時刻を決めておき，その時間より早めに終わるように進行すること**です。早く終わる会議は基本的に喜ばれます。

年間の教科会予定表の例

回	予定日	主な内容
1	4／1	係分担の確認，4月の学習内容と教材研究
2	4／13	1学期中間テストまでの学習内容と教材研究
3	5／22	1学期期末テストまでの学習内容と教材研究
4	6／15	1学期期末テストの範囲確認，1学期評定の確認 総合テスト①検討，夏休みの課題調整
5	7／20	2学期中間テストまでの学習内容と教材研究，1学期反省
6	9／1	2学期の方向性確認，総合テスト②検討，全国学調分析
7	10／7	2学期期末テストまでの学習内容と教材研究， 総合テスト③検討
8	11／7	3学期期末テストまでの学習内容と教材研究， 総合テスト④⑤検討，冬休みの課題調整
9	12／2	2学期の反省，総合テスト⑥検討
10	1／13	3学期の方向性確認，3年生本評定検討
11	2／13	年間の反省，学期末に向けて

いつ，何を教科会で扱うのかをまとめた年間の予定表（上掲）を配付し，見通しをもってもらう。また，互いの様子を話し合う時間も設定する。ただし，予定時刻より少し早く終えることを目指す。

09 教科会の内容に一貫性をもたせる

教科会の質を上げていきたいと思っても，毎回毎回教科会の内容を考えていくことは負担になる。柱を決めて，それに沿うことで，安定し，充実した取組が生まれる。

教科会にはレジュメを用意する

　教科会で話し合われる内容を，落ちなく，そして質の高いものにするためには，会議のレジュメが必要です。口頭だけで打ち合わせをすれば，会議資料をつくる手間は省けますが，教科会のメンバーで確認しておきたいことがあやふやになってしまったり，話し合うべきことをうっかり忘れてしまったりと，よいことはありません。そこで，教科会を開く際には，会議のためのレジュメが必要になります。準備には多少時間を要しますが，ここでのひと手間が，その後の仕事が充実する支えになります。

レジュメづくりの3つのポイント

　教科会のレジュメをつくる際には，大切なポイントが3つあります。

　1つ目は，例えば右の例の「(外部からの依頼)」のように，**毎回の会議では扱わないことについても項目だけは入れておく**ことです。こうしておくと，実際に対応が必要になったときに落としてしまうことを防ぐことができます。

　2つ目は，**年間を通して取り組みたい項目を入れること**です。右の例では，定期テストまでの「進度」のような運営面の他に，生徒の姿から授業改善を図るために「月はじめの生徒の様子」の項目を入れ，教材に応じた授業の改善を図るために「授業づくりのポイント」の項目を入れています。

```
第 10 回国語科教科会                    2025/10/07
1  10月はじめの生徒の様子
┌─────────────┬─────────────┬─────────────┐
│ 自分の考えをもつ │   交流する   │  学びの自覚  │
│             │             │             │
└─────────────┴─────────────┴─────────────┘
                    そこで
┌─────────────┬─────────────┬─────────────┐
│ 自分の考えをもつ │   交流する   │  学びの自覚  │
│             │             │             │
└─────────────┴─────────────┴─────────────┘

2  進度
             期末テストまで
┌──────┬────────┬────────┬────────┐
│      │  1年   │  2年   │  3年   │
├──────┼────────┴────────┴────────┤
│教科書 │                          │
│参考書 │                          │
│文法  │                          │
│漢字  │                          │
│留意点 │                          │
└──────┴──────────────────────────┘

3  授業づくりのポイント
┌────────┬────────┬────────┐
│  1年   │  2年   │  3年   │
│        │        │        │
└────────┴────────┴────────┘

4  各担当者より
(図書館教育)


(外部からの依頼)


5  期末テストについて
   1年  ○○先生, 2年  ◆◆先生, 3年  小林

次回教科会は 10 月 21 日
次回までのお願い：
┌──────────────────────────────────┐
│                                  │
│                                  │
└──────────────────────────────────┘
```

　そして3つ目は，「次回までのお願い」のように，**その次の会の見通しを示すこと**です。

レジュメを基に話し合いを行うことで，年間を通した確かで豊かな実践の積み重ねにつながる。レジュメの言葉は端的に，Ａ４判片面１枚にまとめることで，つくる方も読む方も負担感が少なくなる。

10 教科会で扱う議題は早過ぎず,遅過ぎず

教科会で話し合う議題には,適切な時期がある。適切な時期を捉えて話し合うことで,教科会メンバーの必要感がそろい,話し合いが充実する。

教科会の議題には「旬」がある

　会議で扱われる議題が現在よりもずっと先のことだと,話し合いの切実感が乏しくなります。

　一方で,前もって話し合っておけるような直近のこと過ぎる議題だと,話し合いの参加者は「どうしてもっと早く話し合わなかったの!?」と苛立ちの気持ちをもちます。そして,話し合いの内容も「間に合わせるためにどうするか」といったものになり,活動の質が低下してしまう傾向があります。教師の準備に問題があると,悪い影響を被るのは授業を受ける生徒ですが,**学年や学校全体にもよくない影響を及ぼしてしまう場合があります**。例えば,夏休みの作品募集に関する協議を7月に入ってから行い,学年に伝えるようなスケジュールだと,学年として考えている課題を決めるスケジュールをも遅らせてしまうことになります。すでに各学年での課題の検討が済んでいる場合,国語科からの作品募集のお願いをするとなると,もう一度,学年での検討をしていただくことになってしまいます。

　このように,教科会で検討する議題は,早過ぎず,遅過ぎずということがとても大切になってきます。

前年度までの内容を参考に計画を立てる

　では，どのようにして早過ぎず，遅過ぎない議題を計画するのかというと，最も現実的なのは，前年度までの計画を参考にすることです。

　例年，どんなことについていつ検討しているのかは，前年度の教科会のレジュメなどの会議資料を見ればわかります。教科会でレジュメなどの資料をつくっていない学校の場合，前年度から在籍しているなら，自分の記憶をたどるとともに，教科会メンバーにもいつ，どんなことをしたかを確認します。今年度異動してきたなら，前年度から在籍している教科会メンバーから前年度の様子を聞くしかありません。そうして，完全でなくてもよいので，今年度の教科会で扱う主な内容を月ごとにまとめます。

たたき台を示す

　まとめたものは，第1回の教科会のときに教科会メンバーに見てもらいます。このときに，教科会メンバーに各月で議題としていることが，早過ぎず，遅過ぎず，ちょうどよいかをチェックしてもらいます。このときに，**ちょうどよい時期に設定できていないけれど，この月に話し合わざるを得ないということも確認します。**例えば，「3学期の期末テストの範囲は12月に検討するのは早いけれど，1月の話題を考えるとここでやるしかない」といったことも共有することで，それぞれの議題と話し合う時期との整合性が生まれます。最終的には，教科会メンバー相互が納得する形で各回の教科会で話し合うことを決めます。

教科会で話し合う議題についてたたき台を示し，メンバーで修正することを通して，メンバーの意識は能動的なものになる。今年度行ったことは次年度の貴重なたたき台となる。

11 教科会は教室で行う

会議で使う場所は、たくさんの情報をもたらす。学年室、国語科の研究室、教室。教科指導を行ううえで、どこがより有益な情報を多くもたらすのかを比較したい。

教室で教科会を行うことのよさ

　教科会を行う会場として、よく使われるのが学年室、国語科研究室、あるいは職員室です。

　生徒が下校してから多くの教師はそれらの部屋で仕事をします。教室に集まるよりも、放課後、教師が集まっている場所で会議を行う方が、疲れた体にとっては楽です。

　しかし、国語の『授業づくり』を具体的に考えていくうえでメリットが大きいのは、学年室や研究室でしょうか。それとも、教室でしょうか。

　学年室や研究室には、国語の教科書や指導書、副教材があります。一方、教室には、国語の授業にとって特別に役に立つものはありません。しかし、教室には、さっきまで生徒が学んでいた痕跡があります。このことが授業をつくっていくためには大変重要です。

　教科担任は、今日の国語の授業でだれがどんな姿だったか頭に残っています。今日の授業での自分の発問で、生徒がこんなことをノートに書いた、こんな発言があったということが教室に戻ると改めて思い出されます。また、今日の授業で普段とは異なる鋭い目つきをしていた生徒に、いったい何があったのだろうといったことも、教室に戻ると改めて思い出されます。

　教室は、今日の自分の授業、生徒の様子を振り返らせてくれる場です。

したがって，教科会メンバーが授業を行っている教室で教科会を行う際，その教室を使用している教師に「今日の授業どうだった？」と問えば，具体的に「こんな様子だった」という答えが返ってくる可能性は高いです。
　そのことをきっかけにして，授業づくりについて，発問について，板書について，生徒の様子について…と次々に話題が生まれます。
　また，**教室環境からも多くを学ぶことができます**。教室の掲示物，学級目標，ロッカーなどの整理整頓の様子，連絡黒板に書かれた内容などから，そのクラスの生徒の様子が見えてきます。
　国語科の授業で見せる姿だけがその生徒のすべてではありません。教科によって，教師によって，生徒の様子は大きく変わる場合があります。**国語以外での生徒の姿を知るためにも，教室での教科会には効果があります**。

できるところから始める

　そうはいっても，「教材がある研究室などの方が便利だから教室での教科会には反対」という先生もいるでしょう。
　そういった場合，**可能なところから**教室での教科会を行うようにします。例えば，教材は国語科主任のものを一式教室に持って行き，不足のないようにすることを伝え，3か月に一度程度教室で教科会を行ってみたいということを提案します。国語科主任が学級担任をしていたら，自分の教室で教科会を行います。学級担任をしていない場合，担任をしている教科会メンバーにお願いします。教室環境からその教師の国語科以外の姿にも触れることができます。

> 教室が教えてくれることは多い。特に若手教師が教科会メンバーにいる場合，教室環境を見せることは，生徒の目線を大切にした，地に足の着いた授業づくりについての学びを提供することにつながる。

12 教科会で授業の話題を積極的に投げかける

せっかく国語の授業を専門に行う教師が集まっているのだから積極的に授業の話題を投げかけたい。そうすることが，お互いの授業力向上の糧になる。

専門だからこその壁を壊す

「国語の授業に関しては，それぞれの教師にこだわりがある。だから，質問がない限り，お互いの授業については踏み込まない」

このような考え方は，国語教育の専門家としての同僚に対するリスペクトから生まれるものです。お互いの教え方を大切にし合うことは，自信と責任につながるものです。

しかし，そうすることにより，同じ教科を教えている者同士だからこそ学び合える機会を逸しているとも捉えられます。自分がこだわりをもって教えている教科なので，それに対して意見を言われるのに抵抗があるのは自然ですが，**こだわりの壁を壊し，お互いの授業づくりを学び合うことにより，全員の授業力が向上し，それが一番大事な生徒の学力向上へとつながっていきます。**

「よさ」を見合う

お互いの授業づくりを学び合うためには，授業を見合うことが最もよい方法です。

ただ，お互いの授業を見合う習慣がある学校ならば，空き時間に授業を見合うということのハードルはさほど高くないのですが，そういった習慣がな

い学校，または授業が成立しにくい状況がある学校ならば，授業を見合うこ とのハードルは一気に高くなります。

　そのような場合に肝心なことは，**授業者に共感的な立場，もう少し言うと 授業者の味方の立場で授業参観し合う**ことです。そして，参観して感じた授 業者の「よさ」を伝え合うことです。こういったことが繰り返されていくと， 少しずつ授業を見られることへの抵抗感はなくなっていきます。

授業を語るためのきっかけを

　授業づくりについては，教科会でも積極的に話題にしていきたいものです。 ただ，時間が限られているので，多くの話題について行うのではなく，ピン ポイントで行います。

　教科会のレジュメに，下の例のようにメモ書きをしておきます。

3　授業づくりのポイント		
1年	2年	3年
『少年の日の思い出』 →他者の視点で読む	『走れメロス』 →表現の効果	問題集→問題を選んで，本文の読み方と解き方ワンポイント

　これだけで，教科会の中で話が弾むきっかけになります。**主任がやってみ たいことや，どう教えたらよいか悩んでいることをメモ書きし，教科会の中 で話題にする**のです。

　そうすることにより，共同での教材研究の時間が生まれ，より質の高い授 業づくりのきっかけになります。

「国語の授業をしている時間が一番楽しい」と教科会メンバーに思 ってもらうためには，気軽に授業を見合い，教材のおもしろみを語 り合うちょっとした時間づくりが効果的。

13 単元のルーブリックを無理なくつくる

担当の学級はそれぞれ異なっていても,授業では,生徒に一定以上の力をつけることが求められる。そのための有効な方法の1つがルーブリック。

ルーブリックの効果

　ルーブリックは,教師,生徒それぞれにとって効果があります。教師にとっての大きな効果は,生徒がどの程度までできるようになっていればよいのか具体的な姿を意識できることです。あわせて,一定程度以上にできた生徒の姿や,基準に達していない生徒の具体的な姿を意識することができます。一定程度以上にできた,十分満足できる状態になった生徒にはさらにどのような指導をするとよいのか,また,基準に達していない生徒については,どんな指導をしていけばよいのかを考えておくことにもつながります。また,単元終末の姿のルーブリックを作成することによって,それまでにどのような指導を重ねていけばよいのかについての見通しをもつこともできます。そして何より,**ルーブリックをつくることが,担当の教師は違っていても,どの学級にも一定以上の力をつけていくという意識の共有**につながります。

　生徒にとっての大きな効果は,**具体的にどこまでできたら「合格」なのかがわかること**です。ルーブリックが具体的につくられていればいるほど,学習のゴールのイメージをよりはっきりと描くことができます。生徒は,単元末の姿が示されたルーブリックと関連づけて,本時の位置を授業冒頭で教師から説明されること,あるいは自分で考えてみることにより,単元全体の学習の見通しをもつことにもつながります。また,そのために本時はどんなこ

とを特にがんばるべきかを意識することができます。

ルーブリックのつくり方

　ルーブリックがあることにより，学力の確実な定着や計画的な学習に関する効果は感じられます。一方で，「だれがそれをつくるのか」という話題になると，忙しいあまり皆腰が引けてしまいます。そこでまずは，**1学期に1つの単元を決めてルーブリックをつくるようにするとよいでしょう**。「話すこと・聞くこと」「書くこと」「読むこと」の3領域のうち，教科会メンバーの得意な領域で行います。指導書や学習指導要領の指導事項を参考にして作成します。「話すこと・聞くこと」領域や「書くこと」領域では単元終盤でのスピーチや制作物がどのような内容になるのかを具体化してみて，そこから一段階抽象化してルーブリックをつくります。「読むこと」領域のうち，文学的文章については教材文の解釈の終盤の段階での姿，説明的文章については構造と内容の把握の段階での姿が比較的つくりやすく，生徒につけたい力を見ることへの対応もさせやすいです。

ルーブリックの活用の仕方

　生徒に対しては，例えばルーブリックに「国語科学習の羅針盤」といった名前をつけて，単元のはじめに配付します。そして毎時間，本時の位置を確認し，単元の終わりにルーブリックで示された姿に対する自分の姿，また，そこに至るまでに使った学習方略を振り返らせることが，生徒の自己調整力を高めるうえでも効果的です。

ルーブリックを作成することは，教師の指導の質の向上にも，生徒の学びの質の向上にも効果がある。ただ，作成する際に，負担にならないよう，できるところから始めたい。

14 生徒の様子についての情報交換をする

昨日の授業ではいきいきとした表情をしていたのに，今日は机に伏している。生徒の姿は日々変化する。多面的に捉えて，指導に生かしたい。

情報交換の必要性

授業中の生徒の姿を捉える視点として，次の２つの場合があります。

１つは，同じ状態が継続している場合です。

毎回の授業に積極的に臨み，ノートへの記述量も多い。指名すると，はきはきと自分の考えを述べる。このような姿が継続する生徒もいれば，毎回授業中に居眠りをしている，ぼんやりしていてノートに自分の考えを書くことがない，指名されたときに聞こえるか聞こえないかの声で発言する，といった気になる姿が継続する生徒もいます。他にも，私語が絶えない，教師に対して野次を飛ばすといった姿を示す生徒もいます。

もう１つは，前回までの授業では特に気になる状況ではなかったのに，急に今日の授業では気になる姿を示した場合です。

いずれにしても，気になる姿は解消を図っていきたいものです。そうすることが，その生徒に力がついたり，前向きに物事に取り組むことの価値を学んだりすることにつながります。

気になる姿を示す生徒に対して，どのように関わっていけばそれが解消されるのかは，教科担任１人で考えていてもなかなか妙案が出てくるものではありません。

そこで必要になってくるのが，学年の教師との情報交換であり，教科会メ

ンバーの知恵です。

　学年の教師との情報交換からは，その生徒の他教科での様子，日常生活の様子が見えてきます。幅広くその生徒の姿を知ることができます。しかし，例えば「体育では積極的に活動をしており，教師はこのような働きかけをしている」といった話を聞いても，それが国語の授業に応用できるときもあれば，なかなか難しいときもあります。

　そこで重要になるのが教科会メンバーとの情報交換です。**国語の授業ならではの生徒の見方，また，生徒との関わり方を学ぶことができます。**

情報交換する機会

　気になる状態が継続している生徒をそのままにしておくと，時間が経つほど悪影響が大きくなっていきます。その生徒にとって力がつかないだけでなく，他の生徒に影響を及ぼす場合もあります。

　急に気になる姿を示した生徒についても，そのままにしておくのはよくないことです。

　そこで，改善の方向を探っていく機会としてまずあげられるのが教科会です。こちらは，気になる姿が継続している生徒への対応を検討する機会として有効です。

　しかし，急に気になる姿を示した生徒については，次回の教科会を待っていたら手遅れになることもあり得ます。そこで主任は，**教科会メンバーに，授業中の生徒の姿で問題を感じたら，すぐに相談し合うことを約束しておきます。**こうして遠慮なく相談し合い，問題を早めに解決していきます。

生徒は様々な姿を示す。気になる姿に接したら，自分だけで解決しようとするより，教科会メンバーと相談できるようにすることで，教師は気持ちが楽になり，よりよい指導が可能となる。

15 うまくいかなかった授業の
エピソードを出し合う

国語の授業づくりは難しく，うまくいかないときは多々ある。だからこそ，うまくいかなかった話を出し合うことから，次への一歩が生まれる。

国語の授業づくりの難しさ

　様々な教科の中で，国語の授業づくりはかなり難しい部類に入ります。生徒に学習への意欲をもたせ，解決したい問いをもたせ，積極的に追究させる。そして，授業や単元終末には，課題が解決できた満足感を味わわせる。国語の授業では，こういった一連のことを行うのにかなり苦労します。

　それは，例えば「教科書に載っている小説の解釈をがんばって行っても，初見の小説を読むときに授業での学びを生かせている実感がない」「授業では答えが無数にあり，何が正解なのか決め手に欠ける」といった生徒にとって国語の授業をがんばって得られるものが不透明であることが基になっていたりします。

　生徒と同じように教師にも，教科書に載っている小説の解釈は生徒と共に深めていくことができても，初見の文章の解釈に役立つ方略を指導できていない，授業中出される生徒のもっともらしい解釈に迷いを感じてしまう，といったことがあります。

　つまり，**国語の授業は，学び方，そして教え方の両面で「すっきりしない」という実態がある**のです。

　こういった教科であるからこそ，少しでも授業力を高め，生徒に力をつけるための努力がとても大切になります。

うまくいかなかったエピソードを出し合う

　教科会で授業力を高めていくための1つの方法として「うまくいかなかった授業のエピソードを出し合う」ということがあります。

　例えば，「『握手』（3年）で，ルロイ修道士の指文字の意味を生徒に考えさせようとしたけれど，自力で解決できない生徒が大勢いた」といったように，だれかがうまくいかなかった授業のエピソードを出します。

　それに対する反応は，大きく2種類あります。1つは，**同じようにうまくいかなかった体験を話す**という反応です。「同じようにうまくいかなかったことがある」という話を聞くと，うまくいかなかったエピソードを出した教師は，自分だけうまくいかなかったわけではないのだとわかり，安心します。

　もう1つは，**うまくいかなかった事例に対する改善案を述べる**という反応の仕方です。「自分も同じところで以前はうまくいかなくて困ったけれど，こんな方法で解決できた」といった話を聞くと，うまくいかなかったエピソードを出した教師は，次の指導のアイデアを得ることができます。

　日々授業を行っていると，「うまくいった」という思いをもつことより，「うまくいかなかった」という思いをもつことの方が多いものです。ただ，人前でうまくいかなかったことを話すことにためらいを覚える教師も多いものです。だからこそ，**まず主任が積極的にうまくいかなくて困っていることを教科会で話すとよいでしょう**。そうすることで，失敗を語りやすい雰囲気になります。同時に主任は，うまくいかなかったエピソードに対して積極的に改善案も出すようにしていきましょう。

うまくいかなかったことは，そのままにしておくと次に同じことが繰り返される可能性が高い。積極的に話すことで気持ちも楽になるし，解決策を考え合うことで，お互いの授業力向上にもつながる。

16 進度調整は柔軟に行う

同じ学年を複数の教師で担当する場合，様々な事情によって進度の差が出てくることがある。無理に先に進もうとするより，しっかりと生徒に力をつけることを優先したい。

進度差が生じるのは仕方ないこと

　教科会で無理のないように定期テストまでの授業進度を決めていても，進度に差が出てしまうことはあります。

　例えば，教師自身が体調を崩して学校を休む日が数日あったり，家族が体調を崩し，その看病等のためにやはり数日学校を休んだりするというのはだれしも起こり得ることです。

　進度が遅れないように意識していない教師はいません。したがって，**進度が遅れたらそれは仕方のないこと，お互い様であるという共通認識を教科会メンバーがもつようにすることが必要**です。

進度を意識し過ぎることの弊害

　授業の進度を強く意識され過ぎてしまうと，次のような弊害が出ます。

　経験が浅い教師の場合，ただでさえ授業で予定していたことが早く終わってしまう傾向があります。教科会で決めた進度を意識し過ぎると，授業の山場をつくって十分に検討するといった活動が一層しにくくなります。

　一方，ある程度の経験を経て，楽しい授業が多くできるようになると，生徒が活発に活動するため，授業の時間はめいっぱいかかります。そういった教師の場合も，進度を意識し過ぎると，結局十分な追究時間を確保することが

できず，生徒にとっても教師にとっても物足りない時間になってしまいます。

知恵を出し合って調整する

　授業の進度を調整する必要が生じた場合，まず，主任が判断して変更案を教科会メンバーに伝達するという方法があります。ただしこの方法は，よほど主任が教科会メンバーから強く信頼されている場合以外は勧められません。様々な経験をもつ教師が集まって教科会が構成されています。主任よりも進度の調整については経験があり，よいプランをつくれる教師が教科会メンバーにいることもあります。また，変更案が頭ごなしに伝えられるということに対して快く思わない教師も多いでしょう。

　したがって，進度の調整が必要になった場合には，まず臨時教科会を開き，教科会メンバーが全員集まることが大切です。**主任は原案をつくっておき，それに対する意見を自由に述べてもらい，そのうえでおおむね合意を得たプランを実行していくことが望ましい在り方**です。

　今回のテスト範囲から除外し，次回のテストに回す候補の筆頭は，1，2時間扱いになっている言葉の学習に関する教材，つまり「言葉の特徴や使い方に関する事項」です。予定している指導時数が少ないので，移動することがそれほど大変ではありません。

　小説や評論・論説の場合には，単元終末に感想を書いて交流するといった活動はカットし，「ここだけはやりたい」というところを行います。ただし，「ここだけはやりたい」ということが，それまでの学習を踏まえたものでなければ，生徒から適切な反応を引き出すのは難しいことに注意が必要です。

進度調整をしなければならない状況になったらすぐに教科会メンバーに伝える。主任は調整の原案を示すとともに，メンバーに相談し，みんなで結論を出す。

17 授業に生かすという視点で学力調査を分析する

全国学調などの結果分析は、分析することが目的ではない。生徒の実態を把握し、どのような授業づくりが求められているのかを認識し、活用の見通しをもちたい。

学力調査の分析はみんなで

　毎年4月に行われる全国学力・学習状況調査(以下、全国学調)。毎年夏休みに結果が送られてきます。その結果の分析を研究主任などから各教科に依頼されることが多いと思います。その際、主任が分析して、その結果を教科会メンバーに伝えていく学校も多いと思いますが、教科会メンバー全員で分析することが望ましいです。その理由は、**結果の分析を全員で行うことにより、生徒の実態を把握することができるとともに、どのような授業が求められているのかを共有することができるから**です。

実効性は分析項目次第

　「全員で分析を行っているけれど、毎回同じような考察になる。そして、結局分析したことが授業に生かされていかない」ということの繰り返しになっている学校も多いと思います。この状況から脱するには、**分析項目を工夫することが第一**です。次ページに示した見本では、「(2)問題のつくり(設定・どう考えて答えるか)」を入れています。全国学調では、実際の授業を切り取る形で問題の状況をつくっている場合がよくあります。例えば、スピーチを録画して相互評価する場面など、どのような状況設定がなされているかを改めて取り出します。そのうえで、どのように考えて問題を解いていく

のかを分析します。このとき，国立教育政策研究所から各年度の結果に合わせて出されている解説資料が参考になります。

```
                    (      )年度　(                    )調査の結果について

1  教科に関する調査
  (1)国語の正答率

    | 領域 | 国語 |
    |---|---|
    | 話すこと・聞くこと | |
    | 書くこと | |
    | 読むこと | |
    | 言葉の特徴と使い方 | |

    (注)同じ…高低 0〜0.9 ポイント以内の差         ほぼ同じ…高低 1〜2.9 ポイント台以内の差
       やや高い・やや低い…3.0〜5.9 ポイント台以内の差   高い・低い…6 ポイント以上の差

  (2)問題のつくり（設定・どう考えて答えるか）
       話すこと・聞くこと…
       書くこと…
       読むこと…
       言葉の特徴…

2  今後の授業（この教材でこんな工夫を）
       話すこと・聞くこと…
       書くこと…
       読むこと…
       言葉の特徴…
```

具体的な見通しを共有する

　そのうえで，見本の「2　今後の授業（この教材でこんな工夫を）」の検討をします。**各学年1つの教材でよいので，全国学調の問題設定などを参考にした単元・授業を考えます。**

具体的に問題を知り，具体的な教材を使って見通しをもつことで全国学調を基にした授業改善は確実に進む。3年生の教材だけでなく，1年生や2年生の教材についても取り組む。

18 縦もち,横もち　それぞれの特徴を生かす

> 授業の受けもちには,2つ以上の学年を担当する縦もちと,1つの学年のみを担当する横もちがある。それぞれの特徴を最大限に生かしたい。

縦もち,横もちそれぞれの長所と短所

　縦もち,横もちそれぞれに,長所と短所があります。

　縦もちの長所の1つ目は,同学年に複数の教科会メンバーがいる場合,その学年の教材や授業について相談できることです。自分が指導しているのと同じ教材を他のメンバーも指導しているわけですから,教材解釈や授業の組み立て方について相談することができます。1人が1時間先行し,他の教師がその情報を聞いて,自分の授業に生かすこともできます。教科書改訂があって教科書が新しくなり,新教材が入ってきたときなどは,校内に同じ教材を指導している教師がいることは大変心強いです。また,生徒指導面から見ると,縦もちをすることで,生徒の発達段階に沿った授業を提供する意識が高まりますし,同じ学年の生徒の様子についてメンバーと情報交換することが可能です。**1つの学年を,複数の目で,教科・生徒指導両面から見られる厚みが,縦もちの大きなよさ**です。

　一方,縦もちの短所の大きなものとしては,複数学年の授業を行うので,**教材研究の負担が大きい**ことです。また,複数の教師で1つの学年を担当するので,進度調整に気を配る必要があります。

　横もちの最大の長所は,1つの学年に絞って教材研究ができるということです。また,授業も1つの学年の複数クラスを担当しているので,1つのク

ラスで行った授業に課題があった場合，別のクラスでよりよい方法に改善していくことができます。学年は同じでも，クラスによってカラーは違います。**クラスの雰囲気に合わせた授業を行うための工夫をする力もついていきます。**

横もちの最大の短所は，1つの学年に他のメンバーがいない場合，**授業が甘くなってしまう危険性がある**ということです。縦もちの場合，定期テストの平均点という，授業の良し悪しを判断する1つの指標があります。自分の受けもっているクラスが学年で最下位になるのはうれしいことではありませんから，自然に競争意識が働き，質の高い学びを提供する意識が高くなります。一方，そういった相手がいない場合，授業の質を高めていくためには，個々の教師自身に高い意識が求められます。

縦もち，横もちそれぞれの特徴を生かすには

縦もち，横もちの特徴を生かすには，それぞれの短所に対する手当てが効果的です。縦もちの大きな短所は，教材研究の負担が大きいことです。そこで，例えば，各学年の主担当を決めておき，教材準備などは主担当の教師がリードするといった方法を取ると，負担の軽減につながります。横もちの大きな短所は，授業の質の不透明さです。そこで，ときどき授業を見合ったり，教科会で教材を見せ合ったりすることで，質を担保することができます。

なお，3学年すべてを縦もちや横もちにするのではなく，**1つの学年の複数のクラスを受けもち，もう1クラス異なる学年のクラスをもつ縦横混合型の指導体制**を取り，それぞれの方式のよさを生かすという方法もあります。

縦もち，横もちそれぞれに長所と短所がある。短所に対応する工夫を教科会メンバーと検討し，実行することで，それぞれの方式のよさを生かした指導を行うことができる。

19 国語科通信で「よさ」を伝える

授業の様子，生徒の様子を伝え合うことで，お互いの授業が具体的にわかり，お互いの授業観もわかる。お互いのよさに刺激され合うことで授業力はさらに向上する。

国語科通信を出す効果

　国語科通信は，生徒，教師それぞれに対して効果があります。

　まず，生徒に対する効果です。国語科通信を生徒に配付すると，生徒は自分が受けている授業の意味を改めて認識し，生徒の学びの姿を載せていれば，お互いの学びの具体を知ることもできます。通信に載った生徒にとってはささやかな喜びと自信ももたらされるでしょう。他の生徒の学びの具体が刺激になる生徒もいます。特に，**他クラスの生徒の学びの具体を知ることは，自分のクラスの生徒のそれを知ること以上に大きな刺激になります。**

　次に，教師に対する効果です。この場合の教師は，教科会メンバーと学校全体の教職員の２通りあります。教科会メンバーにとっては，他の教師の作成した国語科通信を読むことで，その教師の授業の内容の一端を知ることができます。また，内容や書き方から，その教師の授業に対する考え方も感じ取ることができます。教科会メンバーは，同じ国語科を指導しているチームの一員ですが，ライバル関係にもあります。国語科通信から受ける授業力向上への刺激は大きなものがあります。学校全体の教職員にとっては，国語科通信を読むことで，自分が教えていない教科の内容や，授業での生徒の姿を知ることができます。**がんばっている生徒の姿を知ることは，授業改善のための刺激になりますし，生徒理解の１つの材料にもなります。**

どんな内容にするのか

下の例のように、基本的には授業の課題と生徒の姿で構成します。板書が構造的にできたらそれを載せてもよいですし、生徒の許可があればノートのコピーを載せてもよいでしょう。**大切なのは、「よさ」を載せること**です。まずは主任が１か月に１回くらいのペースで出してみるとよいでしょう。

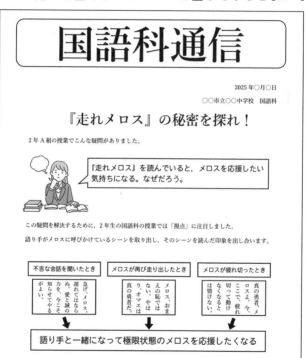

無理なく国語科通信を出せるようにしたい。そのためには、１回の通信の文章量を減らすとよい。そうして負担感を減らしたうえで、２、３学期には教科会メンバーにも作成を呼びかけたい。

20 研究授業づくりをリードする

年度当初には研究授業の予定がわかる。授業者選びから，授業の実施，振り返りまで，主任が教科会メンバーをリードし，見通しをもって行いたい。

研究授業に向けた見通しをもつ

　研究授業は，大事だとわかっていても，準備の大変さからたいていの教師は身構えてしまうものです。

　まず，授業者選びです。教科会に任されている場合，主任が授業者を行うというのが１つの選択肢です。**自分の授業力を高めるため，また，この後他の教科会メンバーに授業者をやってもらう雰囲気をつくるためにも，主任は早めに授業者を務めることが望ましい**です。

　主任以外の教師を授業者とする場合，だれを選ぶかが教科会に任されているとしても，管理職に一度相談するのが望ましいです。管理職の願いがあれば，基本的にはそれに沿って授業者を選ぶことが，授業者の今後を考えるとよいでしょう。また，授業者になってもらいたい教師を含め，教科会メンバーには個人的に意向を聞いておき，教科会で授業者選びを行うときに円滑に決められるようにしておくと，その後の活動も気持ちよく進められます。

　授業者が決まったら，研究授業までのスケジュール案を示し，検討します。スケジュールはできるだけ細かく示します。**後になって「仕事が増えた」という印象を与えることを避けたい**からです。また，余裕をもったスケジュールを組むことも重要です。

研究授業に向けた推進日程（予定）

	教科	校内
4/13 月	教材研究	
4月中旬		主事派遣申請
4/27 月		
5/22 金	指導案の修正（本時案を中心に）	
5/24 日		
6月上旬		
6/5 金	指導案の修正（本時案を中心に）	
6/8 月	指導案印刷・製本	
2週前	ワークシート配付先行実施	
10日前	指導案審議・送付	事前研究会
3日前	座席表（実態・手立て・願い）配布	
7/?	事前授業	授業研究会

授業づくりをリードする

　授業者任せの研究授業は避けたいものです。教材研究や指導案作成といったところは、教科会メンバー全員が行います。具体的には各自が授業者になったつもりで教材分析を行ったり、本時案を立てたりします。それをプレゼンし合い、検討したうえで、授業者が指導案をつくっていくようにします。

　最も避けたいのは、若手の教師が授業を行い、他の教科会メンバーが「評論家」になることです。

教科会メンバーを巻き込んで、各自に教材研究、指導案作成をしてもらう場合、分量を指定する。その際、例えばＡ４判で１ページ以内というように、できるだけ負担がかからないようにする。

21 最終の教科会を丁寧に行う

1年間,教科会メンバーで情報を共有し,協力して活動してきた。3月には最終の教科会を設定し,教科会で学べたことを共有して,お互いにねぎらい合いたい。

最終の教科会を丁寧に行う意味

　教科会メンバーはそれぞれが教科指導の専門家です。したがって,お互いにいつまでに何をするのかさえ共有しておけば,自分で受けもちの授業を進めていくことは可能です。

　しかし本書では,そのような「孤立」した教師が定期テストの採点のときだけ集まる教科会をよしとはしません。

　もとより,国語の授業は「何をどのように教えたらよいのか」ということが見えにくい教科です。したがって,**お互いの授業づくりに学ぶことは,自分の授業を納得できるものにしていくうえでとても大切**です。

　そのためには,教科会メンバー一人ひとりのもち味を知り合い,情報共有をたくさんしていくことが必要になります。

　それは,すべての生徒にとってのメリットにもなります。授業の進め方,板書の仕方などが教師の経験年数などにかかわらず,ある一定の水準に達していることで,生徒は教科会メンバーのどの教師の授業でも,力をつけていくことができます。

　しかし,繰り返しになりますが,国語は何をどう教えたらよいのかが見えにくい教科です。教科会メンバーの中にも,自信をもって授業をしている教師もいれば,手探りで日々の授業をこなしている教師も多くいるでしょう。

そういった中で，**各自が行っていることについて細かなところまで情報共有を行うとなると，大きなストレスを感じる教師**がいてもおかしくありません。そういったストレスや抵抗感がある中でも，国語の授業づくりに関する情報の共有に協力してくださった先生方に対して，主任として礼を尽くす場として最終の教科会を丁寧に行いたいところです。

最終の教科会で行うこと

まず，最終の教科会を行う時期です。

端的に言えば，教科会メンバーの気持ちに少し余裕があるときがよいでしょう。特に３年生担任の教師がいたら，その都合に合わせるのが一番です。

最終の教科会で行うことは大きく３つです。１つ目は，**主任からのお礼**です。教科会メンバーで情報共有を進めていくために一人ひとりの教師が行うことは，それなりに手間を必要とすることです。授業でつくった板書１つ共有するにしても，写真を撮り，サーバーに上げて…といった一連の作業が必要になります。お願いされる側には，相手に合わせるという意識が必要になるので，お願いする側よりも精神的な負荷がかかっていることを意識したいものです。２つ目は，**教科会メンバーの率直な感想交流**です。「こんな活動は勉強になった」という成果とともに，「これは負担感が大きかった」といったことも出してもらうことが，次年度によりよい教科会をつくるためには必要です。３つ目は，**次年度に向けた確認**です。４月の授業の進度や次年度に国語科が関係する行事の確認とともに，次年度に取り組みたいことをメンバーから出してもらってもよいでしょう。

「終わりよければ総てよし」といわれるように，締め括りを丁寧に行うことが，教科会メンバーの充実感，達成感と，次年度へのやる気につながる。

第3章
教科会メンバーの知恵を集めて
授業改善を図る

22 授業を見合う風土をつくる

教科会メンバーは同じ教科の専門家同士。教室を開き，日常的に授業を見合う風土をつくることで，お互いの授業力向上のきっかけが生まれる。

お互いの授業を見合うよさ

　教科会は様々な年代，考え方，キャリアの教師で構成されています。同じ国語を教えている教師同士，いつでも互いの授業を見合えるのではないかと思います。しかし，実際には授業を見合う機会はなかなかありません。教科会メンバーのだれかが授業をしているときに自分は空いていても，漢字小テストの採点をするなどの事務処理があったり，生徒指導が入ったりして，用事がある場合が多いからです。

　しかし，お互いの授業を見合うことは，授業力を向上させることに大きく貢献します。例えば，つい説明が多くなってしまっている教師にとって，大切なことほど発問を使って生徒に考えさせている教師の授業の様子を見ることは，生徒主体の授業をつくっていくうえでとても勉強になります。また，板書に苦手意識をもっている教師にとって，構造的な板書をつくっている教師の授業を参観することは，自分の苦手さを解消していくための大きなヒントになります。

　発問の仕方や板書の仕方について教科会のときに助言を求めると，説明はなされるでしょう。それももちろん大切なのですが，**実際の授業の様子を見ることがどのようにしたらよいかの示唆を得る一番のチャンス**です。

　空き時間にはいろいろな用事がありますが，やりくりしてお互いの授業を

見合う時間を生み出したいところです。

授業を見合うための準備

　お互いの授業を見合う風土が育たないもう1つの原因が,「閉鎖性」です。自分の授業を他人に見られるのははずかしいことで,できれば見られたくないと思う教師が多いからです。
　したがって,**お互いの授業を見合う風土をつくるためには,そのための時間の捻出と教師の意識の変革が必要**になります。このうち,時間の捻出は,実はさほど難しいことではありません。お互いに授業をしている時間に空き時間となっているかを確認するだけです。空き時間がうまく教科会メンバーの授業時間になっていない場合は,授業交換等をして都合を合わせることになります。一方,より難度の高い,「教師の意識の変革のため」の第一歩は,**主任の授業を教科会メンバーに見てもらうこと**です。そのとき,**特別な準備をしないということが大切で,普段の授業を見てもらって助言を求めます**。そうすることで,参観した教師の授業も見せてもらいやすくなります。

授業を見合う方法

　授業は50分すべて見る場合もありますし,一部を見る場合もあります。短い時間でも学び合えることは多いのです。さらに,例えば自分が授業をしていて,職員室に必要なものを取りに行くときに,同じ時間帯に教科会メンバーが授業をしている教室の脇の廊下を通って,ちらっと様子を見ていくことだけでも,授業を見ることに入ります。

授業をたくさん見て,感想を伝え合うことで,お互いの授業力は必ず高まっていく。少しの時間見合うこと,主任の授業を開くことなどから少しずつ,授業を見合う風土をつくり上げたい。

第3章　教科会メンバーの知恵を集めて授業改善を図る

23 各々のもち味を大切にして学び合う

それぞれの教師に，得意な領域がある。また，得意な授業の進め方がある。お互いのもち味を知り合い，学び合うことで，教科会メンバーの授業力は高まっていく。

もち味を学び合うためのコーディネーターは主任

　教師それぞれに自分の「もち味」があります。一方で，もち味を伝えたいと思う教師もいれば，もち味を学びたいと思っても遠慮して聞けない教師もいます。そこで，もち味をお互いが学び合えるように主任がコーディネートしていけたら，教科会メンバーの授業力は一層高まっていくでしょう。

もち味に学ぶために

　それぞれの教師のもち味を学ぶためには，もち味の観点が共通認識されていることが必要です。

　まず**「教材研究」**です。教材研究とひと口にいっても，その方法は様々です。学習指導要領の指導事項と学習内容との関連からスタートする方法もあれば，「読むこと」領域では，読者の視点で教材文を読み，教材の特徴は何かをはっきりさせることからスタートする方法もあります。その教師の歩みによって，教材研究の方法には違いがあります。

　また，教師によって得意な領域も違います。文学的文章の解釈は一流という教師もいれば，古典の知識についてはだれにも負けないという教師もいるでしょう。一方，「話すこと・聞くこと」「書くこと」で魅力的な言語活動を設定することに長けている教師もいるでしょう。

次に**「授業展開」**です。まず，導入から終末まで，どのように学習課題を設定し，どのように見通しをもたせるのか，そして終末ではどうやってまとめや振り返りをしていくのかといった授業の柱があります。

　授業展開には，さらに細かな観点があります。**「発問」「板書」「ノート指導」「説明」「話し合い」**といったことです。

　小学校の授業と比べて，中学校以降，教師の**「説明」**の量は多くなる傾向があります。短い時間で多くの学習内容を扱う必要があるため，仕方がないことではありますが，生徒にとっては，教師の説明を聞いている時間は退屈なものになりがちです。ところが，教師の中には説明がとても魅力的でいつまでも聞いていたいと思わせる話術と教養をもった人がいます。そういった教師と同僚になったら，ぜひその説明の工夫を具体から学びたいところです。

　説明の量が多くなる要因として，「グループや全体での話し合いをさせても効果が上がらない。だったら教師側で説明をした方がよい」という考え方があります。しかし，教師の中には，グループでの話し合いが活性化し，クラス全体での話し合いも積極的に行える，そういった授業をする人もいます。クラスの個性ということもありますが，教師の進め方も話し合いが効果的に行われるかどうかのカギを握っているものです。生徒同士の話し合いが活性化している授業では，教師がどのような雰囲気をつくり，どのような目的をもたせているのか，どのような準備をさせ，どのような指示で話し合いをさせているのかといった点などに注目して学びます。

　他にも**「文法」**の授業をとても楽しく展開する教師もいます。各教師のもち味を教科会メンバーで共有していきましょう。

教師のもち味の観点について４月の教科会で周知する。授業を参観する際，もち味の観点に沿うことで得るものは大きい。教材研究の仕方を聞くことも大きな学びとなる。

第３章　教科会メンバーの知恵を集めて授業改善を図る　057

24 得意な先生に学びながら教科としてICT活用を進める

学習用端末の活用や電子黒板，デジタル教科書の利用など，ICT活用は積極的に推進されており，その流れは止まらない。教科関係なく，積極的に学びたい。

ICT活用は当たり前の時代に

　学習用端末が教室に本格導入されたのが2020年度です。その後，学習用端末が授業で生かされているか否は，学校，教師次第の感があります。

　ある中学校では国語科すべての授業で1時間に1回は必ず学習用端末を使っている，一方，別の中学校では黒板とノートがあるのだから学習用端末は必要ないという意識の教師が多く，国語科ではほとんど学習用端末は使っていない，といったように，実態はバラバラです。

　確かに，生徒には紙の教科書とノートがあり，教室には黒板があり，これまでそれで不自由することなく授業ができていたわけです。したがって，これまでできていたことをICTで行うという考えに立つと，特に必要ではないとも言えます。

　一方，これまでできなかったことや時間がかかっていたことをICTで行うという立場に立てば，ICTを活用していくことにも意味が出てきます。また，これまでやってみようとも思っていなかったことがICTでできるということも，ICT活用の魅力と言えます。

　「今まで通りでよいのに，必要感のさほどない新たな技術を覚えるのには抵抗がある」という教師は多いと思います。しかし，もはやICT活用の波は止められない状況です。**「ICTで授業のちょい足しをしよう」**といった気

持ちで，少しずつ前に進みたいものです。

「師」は教科外にも

　ICT活用を推進していくのであれば，教科会メンバーそろって進みたいものです。特に，不安のある教師にとっては，置いてけぼりにされることはとても切ないものです。

　主任がICTに強い，あるいは，ICT活用を進んで行っているのであれば，主任が教科会メンバーにレクチャーしていくとよいでしょう。しかし，実際にはなかなか難しいものです。本を読んだりしても，かえってよくわからなくなってしまうこともあります。

　そこで，校内に目を向けてみます。

　教科会メンバーの中にICT活用に興味があり，授業でも積極的に取り入れている教師がいたら，その人に教科会メンバーに向けてICT活用の研修をしてもらうのが一番です。しかし，教科会メンバーそろってICT活用に二の足を踏んでいるという状況の学校も多いことでしょう。そういった場合には，例えば実際に生徒にコンピュータの使い方などを指導している技術家庭科の教師にICT活用の研修をしてもらうなど，他教科の教師から学ぶことがよいでしょう。技術家庭科の教師以外でも，校内にICT活用に積極的な教師がいる場合は多くあります。そういった教師から「授業でこんなアプリを使ったらこんな感じになった」といったことを教えてもらいます。

　このような研修は，**短時間でミニ研修として行うと協力を得やすい**です。その際，教師が生徒の学習用端末を操作して学ぶことも必要です。

ICTのスキルは教師によって異なる。ICT活用が一層広がっている今，ICTを活用した授業が適切に行えることは必須。教科会メンバーがそろってスキルアップできるはじめの一歩をしかけたい。

25 ICT活用は
ベースラインを設定する

教科会メンバーは,最低限の足並みをそろえてICT活用に取り組みたい。毎回の授業というハードルは高いが,単元で1回程度であれば取り組みやすい。

ICT活用のベースラインをそろえる

　教科会メンバーの中には,ICT活用に関心が強く,学習用端末を積極的に使い,電子黒板,デジタル教科書を使いこなすという教師もいるでしょう。

　一方で,書画カメラを使いたいけれど,どうやってテレビに映すのかがわからない,うまく映せないで授業が停滞する,といった状況になってしまう教師もいるでしょう。

　生徒に「ICT活用が進んでいる教師の授業は楽しい。そうでない教師の授業はあまりおもしろくない」という印象をもたれてしまうのはよいことではありません。このように,**生徒の信頼度に差が出てしまうようなことを回避するためには,教科会メンバー全員に一定のICTスキルがあるということが大切**です。

　ここで重要なことは,ベースラインを設定するという意識です。いきなりICT活用をかなり進めている教師の授業スタイルを他の教科会メンバーができる,ということはないでしょう。一方で,積極的にICT活用を進めている教師にとっては,自分がこだわりをもっていることに対してブレーキをかけられるのはうれしいことではありません。そこで,**「最低限これだけは」というベースラインを設定し,ICT活用を積極的に行っている教師にはどんどん先に進んでもらいます**。そうすることで,後々他の教科会メンバーも

恩恵をあずかることにつながります。

活用のハードルはできるだけ低く

　ベースラインを設定するにあたっては，まず教科会メンバーでどんなスキルについて不安があるのかを共有することから始めます。学習用端末のアプリの効果的な使い方であったり，デジタル教科書の活用法であったり，困っていることが出されるでしょう。

　ただ，授業で課題を解くことに困っている生徒にどこがわからないか尋ねると，「どこがわからないのかがわからない」という返答があるのと同様に，ICT活用も「どこがわからないのかがわからない」が起こりがちです。そこで，どんなハードで何ができるのかも共有します。特に教科会メンバーの中でICT活用を進めている教師がいる場合には，どんなことが一番便利か，どんなアプリ等を日常使っているのかを教えてもらうと，ICT活用への興味を促すことに効果的です。

　そうして「この単元ではこれは使ってみよう」ということを共通理解するとよいでしょう。例えば，「次の『少年の日の思い出』では，単元の中のどこかの時間で，生徒の書いたノートを書画カメラで映して意見の見える化をし，板書時間を短縮しよう」といった具合です。**「この単元ではこれ」ということを年間通して行うだけで，かなりスキルアップします。**

　なお，ハードの使い方は，写真と文字を入れた説明書をつくることも効果的です。さらに，教科主任会で，学校全体として教員のICT活用の足並みをそろえることを検討するのも大切です。

単元でICTを活用する場面を決めておけば，教科会メンバー全員が具体的なイメージをもつことができる。ベースラインを設定し，足並みをそろえることで，確実に全員のレベルが上がる。

26 補欠授業で様々な情報を得る

他の教師が教えているクラスから学ぶことは大きい。教室の雰囲気，生徒のあいさつの仕方，ノートの取り方，整理整頓の状況など，補欠で入った教室には有益な情報が満載。

補欠に入る2つのパターン

　授業を受けもっている教師が出張や病気等で教室を不在にする際，その教室で補欠授業を担当することはよくあります。

　補欠に入るのには，2つのパターンがあります。

　1つは，国語科以外の授業に入るパターンです。このときには，各教室の雰囲気をはじめ，あいさつ，言葉づかい，ロッカーの片づけの状況などから，そのクラスの担任の学級経営の様子や生徒の実態を感じ取ることができます。「これは真似したい」という掲示物の貼り方等，よさを学ぶこともできます。「部活動で指導しているときにはハキハキしていて元気のよい生徒なのに，教室ではなんだかおとなしい」といったように，生徒理解の材料を得ることもできます。教室を空けていた教師と後日話すときには，基本的には生徒のよい姿や学べたことを伝えます。

　もう1つは，教科会メンバーの授業，つまり国語の授業に入るパターンです。この場合，さらに2つのパターンがあります。1つは，自習プリント等課題があり，それに取り組む生徒を監督する場合です。もう1つは，代わりに自分が授業を進める場合です。

教科会メンバーの教室で

　補欠に入った教師が課題を行う生徒の監督をする場合は、パターンの1つ目であげたような観点から、教科経営の雰囲気等を感じ取ることができます。黙々とプリントの課題を行っていくクラスからは、学習規律の徹底、お互いの学びを思いやる優しさ、学習に対する積極性を感じ取ることができるでしょう。**後日教科会で話題にし、どのようなことに気をつけて授業の規律を保っているのか共有するとよいでしょう。**一方で、なかなか課題に取りかからない、私語が絶えないというクラスもあります。教科担任の毎日のがんばりを改めて感じるとともに、こういった姿が生まれる背景は何かを考えてみたいところです。

　自分が授業を進めるパターンでは、ダイレクトにそのクラスの生徒の実態に触れることができます。発問をした際に、自分がいつも指導しているクラスでは意見がほとんど出ないのに、補欠に入ったクラスでは数多くの意見が出る。しかも、発言もハキハキしている。こういった状況に遭遇することもあるでしょう。一方、自分がいつも指導しているクラスでは多くの生徒が反応できた発問に、このクラスの生徒は反応しないという場合もあるでしょう。普段授業に入らないクラスで授業をすることにより、様々な生徒がいることが改めて認識されるとともに、自分の授業の力量も意識することができます。

　補欠に入って感じたことは、そのクラスを指導している教科会メンバーに後日伝えます。**よいと思ったことはどのようにして生まれるのかをよく聞くことが大切**です。

補欠授業を通して学ぶ。これは主任だけではなく、教科会メンバー全員が意識するべきこと。教科会のときなどに補欠に入って学んだことを各自出し合い、他のクラスからの学びを共有したい。

27 板書を共有する

板書が苦手という国語科の教師は多い。お互いの板書を見合うことによって、板書に対する苦手意識は払しょくできる。また、バリエーションも広がる。

板書を見合うよさ

　授業づくりをするうえで、板書計画を立てるのは基本的なことです。しかし、授業展開の骨格は考えても、板書計画はあまり考えないという国語科の先生も多いのではないでしょうか。

　「ワークシートを丁寧につくってあるから、生徒の授業理解度については大丈夫」とか、「中学生なのだから、丁寧に板書をしなくても生徒はついてくるだろう」とか、そういった理由で板書にはさほど力を入れていないという先生もいるかもしれません。

　しかし、「どんなことをどのように板書していけばよいのかについてよくわからない。だから板書に自信がない」「自信がないので構造的な板書ができない」という先生も実は多いと思います。にもかかわらず、生徒にはわかりやすいように自分なりのノートをつくることを指示しても、モデルがないわけですから、生徒のノートが充実するはずはありません。

　本時はどこに向かっているのか、協働追究で発言された意見にはどのようなものがあるのかといった情報が共有されていることにより、生徒の理解は深まり、学習が充実していきます。

　そこで必要なことが、お互いの板書を共有する（見合う）ことです。このとき大切なのは、**観点をもつこと**です。この観点には、例えば次のようなも

のがあります。

> ○文字の大きさ，美しさ，色
> ○板書されている項目（学習課題，見通し，協働追究の内容など）
> ○整理の仕方（文で書く，図式化する，表にする，叙述・理由・主張の書き分けなど）

　板書の内容だけに着目しても，教師がどのような意図をもって板書しているのかは見えてきません。観点をもって，どんなことをどのように書くのかを捉えたり，その板書を行った教師に聞いてみたりすることが大切です。

板書を見合う方法

　板書を見合う方法の1つ目は，国語の授業が終わった後の教室に行き，板書を見せてもらうことです。この方法だと，授業をした教師にとっては，授業を終えたばかりなので，どのような意識で板書したのかを説明しやすくなります。しかし，次の授業の開始時間が迫ってくるなど，落ち着いて話をする時間をとることが難しい場合が多いでしょう。2つ目は，板書を撮影することです。板書を撮影して，それを教科会で見せ合うようにすると，落ち着いて話をすることができます。ただ，この方法だと時間を結構使うので，教科会の時間が長くなってしまいます。そこで，おすすめしたいのは，**各自で板書を撮影し，それをサーバーに上げておくという方法**です。こうすると，都合のよいときにお互いの板書を見合うことができます。

> 授業がうまくいってもいかなくても，板書を撮影しておき，お互いに見合えるように習慣化すると，それだけでも板書に対する意識は高まる。さらに，教材研究の質の向上にもつながる。

第3章　教科会メンバーの知恵を集めて授業改善を図る

28 生徒がのってきた発問を共有する

生徒の学習へのモチベーションを左右する大きな要素の1つが「発問」。教科会メンバーが魅力的な発問を共有し，蓄積することで，生徒にとって楽しみな国語の授業が増える。

発問の役割は大きい

　「読むこと」領域の授業では，教師からの発問によって授業が進められていくことが多くあります。

　この発問によって，その時間の生徒のやる気は大きく左右されます。発問が魅力的であれば，生徒の多くは興味をもって活動していきますが，発問に魅力が感じられないと，多くの生徒はとりあえず授業に参加しているという状況になります。

　とりあえず授業に参加しているだけだと，個人追究の時間で自分の考えをもつことに積極的になれません。机間指導をしていくと，ノートに考えを書いている生徒が少ないため，結局教師の説明が多くなります。説明を聞いているだけの時間は，多くの生徒にとって退屈です。そのため，居眠りをしてしまう生徒も現れます。こうして授業はどんどん停滞していきます。

　こういった状況は，多くの教師が体験していることです。生徒にとって魅力的な発問をしたいと多くの教師は思っています。しかし，実際にはなかなか生徒がわくわくするような発問をつくるのは難しいものです。

　そこで，活用したいのが，教科会メンバーの知恵です。生徒がのってきた発問を共有していきます。

効果的な発問を蓄積し,タイプを整理する

　例えば,『走れメロス』。
　「メロスはどのような人物として設定されているだろうか?」という発問と,「メロスは本当に英雄と言えるだろうか?」という発問では,どちらの方が考えてみたくなるでしょうか。
　後者の発問だと,「英雄だと言える」という生徒と,「英雄だと言えない」という生徒に意見が分かれます。そのため,自分と異なる立場の相手に対して,説明したいという思いや,考えの理由を聞きたいという思いが生まれるでしょう。発問によって意見のずれが生じ,そのずれを解消するための意識が働くわけです。これは**「ずれを意識化させる発問」**タイプと言えます。
　例えば,『少年の日の思い出』。
　「『僕』のチョウの標本を見たエーミールは,どんなことを思っただろう?」という発問を投げかけます。生徒は中心人物「僕」の視点で物語を読んでいるので,多くはエーミールに批判的な意識をもっています。しかし,このような視点を変えた発問をすることで,「僕」とエーミールに対する意識が変わる生徒が現れます。これは**「意外なことを尋ねる発問」**タイプと言えます。
　教科会メンバーが授業をしたときに,生徒がのってきた発問を教材別にサーバーに上げていき,それをそのまま追試することも効果的でしょうし,タイプ別に整理していくと,教材を超えて効果的な発問が使えるようになっていくでしょう。

中心発問か補助発問かにかかわらず,1時間の授業の中で生徒がのってきた発問は教科会メンバーでどんどん共有していきたい。そして,それらを実際に使っていくことで授業は一層活性化する。

29 ワークシートや自作資料を共有する

教師が作成するワークシートや,生徒に配付する資料には,その教師の教材研究の内容,授業構想のアイデアが凝縮されている。それらを共有することは,お互いの授業の改善の一歩となる。

自作のワークシートの価値

　教科書会社が作成した指導書セットには,板書計画が示されており,各時間のワークシートもつけられています。授業までの準備時間が少ないときには,それらは授業づくりの助けとなるでしょう。ワークシートを印刷して生徒に配付すれば,生徒の活動を促すことができます。そうして,授業中に教師が立ち往生してしまう危機に陥る可能性は少なくなります。

　しかし,既製のワークシートを使用して,実際に生徒の活動が活発に展開され,思考が焦点化されていく授業が生まれているでしょうか。既製のワークシートを使用した授業では,今一歩生徒の活動が盛り上がらず,追究も絞られていきにくいと感じたことのある先生も多いのではないでしょうか。

　各学校,各教室にはそれぞれの生徒の実態があります。また,授業をする教師の個性も様々です。既製のワークシートは,そのような生徒や教師の実態すべてを想定してつくられているわけではありません。したがって,既製のワークシートを使用した授業では,どうしても生徒も教師も物足りなさ,歯がゆさを感じてしまうケースが出てきます。

　そこで大切になるのが,教師による自作の教材です。教科会メンバーの中には,ワークシートを作成し,活用する教師もいるでしょう。自作のワークシートには様々な価値があります。まず1つは,**自分が指導している生徒の**

実態に沿うようにつくられていることです。そして，**自分が授業を進めやすいように無駄が省かれていること**です。さらに，**ワークシートの作成を通して教材研究の質が高まること**です。

　ワークシートを作成するときには，まず自分がこの教材をどのように捉え，どんな力を生徒につけたいのかを決め出すことが必要になります。そのうえで，学習課題や本時の追究の見通しを考え，生徒が無理のないように追究していけるような流れをつくります。そして，生徒が追究しやすいように，表の枠をつくったり，図を入れたりしてレイアウトを工夫します。

　各学校や教室の実態に沿ったワークシートを共有することは，生徒の実態に沿い，焦点化した追究を生み出す授業を考えていくうえでとても有益なものになります。

板書の共有との違い

　板書の共有とワークシートの共有はよく似ていますが，1つ大きな違いがあります。それは，**（生徒が書き込んだ）ワークシートには生徒の反応が表れている**ということです。生徒の書き込みを見れば，生徒が思考しやすいワークシートだったかどうかが一目瞭然でわかります。同時に，発問に対して，一人ひとりの生徒はどのような反応をするのかもわかります。板書からは生徒全体の反応の傾向を読み取ることはできますが，ワークシートからは個人個人の反応を読み取り，より詳細に傾向を捉えることができます。そのうえで，発問を吟味したり，生徒の反応の見通しをもちながら授業をしたりすることができます。

作成したワークシートはサーバーに上げ，お互いが見やすいようにする。加えて，授業中に生徒が書き込んだワークシートも，教科会メンバーが閲覧しやすい場所で保管したい。

30 授業動画を見合う

様々な情報共有の方法の中で最も効果的なのは,実際の授業を共有すること。授業の様子を動画で撮影してお互いに見合い,意見交換することで,授業の腕が上がり,お互いのことがわかる。

授業動画を見合う価値

　教科会メンバーそれぞれが自分の授業を撮影した動画を見合うことには,大きく2つの価値があります。
　1つ目の価値は,**授業力向上につながる**ことです。
　教科会メンバーの授業動画を見ることで,自分では考えつかなかった発問を知ることができたり,生徒の反応を引き出す方法を知ったりすることができます。
　反対に,教科会メンバーに自分の授業動画を見てもらうことで,自分ではあまり意識していなかった声かけの効果を価値づけてもらったり,自分ではうまくまとめられなかった生徒たちの意見のまとめ方の助言を得ることができたりします。
　授業動画は,見ても見られても,授業力向上に大きな効果があります。
　2つ目の価値は,**お互いを知る**ことです。教科会メンバーそれぞれが授業者としての個性をもっています。授業動画を通してそれらを知ることで,お互いの距離が縮まり,より相談しやすいチームになっていきます。

授業動画を見る観点

　授業動画を見る観点としては,次のようなものがあります。

○授業全体のスムーズさ
○発問（考えやすい発問か，補助発問や切り返し発問は効果的か）
○協働追究（生徒は考えを出しやすいか，追究が深まっているか）
○まとめ，振り返り（何をまとめさせたり，振り返らせたりするのか）

　以上は国語の授業としての見方です。これらのことについて，**あるときにはこの観点，またあるときにはこの観点というように，観点を明確にして動画を見合うことがポイント**です。その際，授業をした教師から特にこの部分を見てほしいといった，さらに絞られたポイントを示してもらうと，お互いの学びが焦点化します。

授業動画を見る方法

　授業動画を見合うことが，お互いの授業力の向上や教科会メンバーがお互いを知り合うために効果的であることは間違いありません。しかし，実際にやるとなると二の足を踏む教師は多いでしょう。そこで，**１回目はやはり主任が自分の授業を撮影してメンバーに見てもらうようにします**。

　授業を実際に見合うことと比べて，授業動画を見合うことのよさは「いつでも見られる」ことです。それぞれの教師が撮影した動画をサーバーに一定期間置いておくことで，都合のよいときに見ることができます。また「この部分だけ見てほしい」というように，授業の一部を切り取って保存することもできます。**感想・意見を授業者に伝える期限を決めることも大切**です。

動画の手軽さを生かして，お互いの授業を気軽に見合えるようにしたい。感想・意見は，まずは「学んだこと」を出し合うようにして，見られることへの抵抗感をなくしたい。

31 本を紹介し合う

授業づくりにおいて，本に書かれていることが参考になる場合も多い。授業づくりの参考にしている本を紹介し合うことによって，お互いの授業づくりのバリエーションが広がる。

本の紹介から実践のアイデアが広がる

　実際の授業を見合うことは，授業力向上の大きな糧になりますが，本を読むことも授業力向上のためにはとても効果的です。

　例えば，『走れメロス』の教材研究をしようと思ったときに，指導書は役に立ちますが，『走れメロス』の作品研究を行っている本に書かれていることを読むと，一層深い知識を得ることができます。また，授業デザインに関する本を読むと，効果的，魅力的な発問が載っています。展開の仕方についても然りです。

　このように，本を読み，活用することで，授業を生徒にとってより楽しく，活気があり，力がつくものにしていくことができます。

　さらに，教科会メンバーがお互いにどのような本を読み，授業づくりをしているのかを知ることにも大きな価値があります。それは，端的に言えば，授業づくりのための視野を広げたり，深めたりするという価値です。1人で本を探していると，その範囲には限りがあるものです。**自分の興味・関心の中で見つけていくようになるので，傾向はどうしても偏っていきます**。他の教師の読む本に触れることで，読む本の幅は必然的に広がるでしょう。

　また，自分と興味・関心の方向性は同じでも，より深い知識や本質的なことが書かれている本を教科会メンバーが読んでいる場合もあります。そうい

った本に触れることで，より広い視野に立った授業づくりの可能性が広がるでしょう。

本の紹介方法

　本を紹介し合う最もシンプルな方法は，著者名と題名，本の内容のあらましを伝え合うことです。紹介された本に興味があれば，購入したり，図書館から借りたりして手に入れるでしょう。ただこの方法だと，よほどその本の内容や著者に興味がない限りは読みません。やはり実物がないと読むことにはつながりにくいものです。そこで，2番目にシンプルな方法として，本の貸し借りがあげられます。本を1冊丸ごと貸し借りするのです。この方法だと，手元に実物の本があるので，興味があればどんどん読んでいくことができます。しかしこの方法だと，本が厚かったりしたときに，それだけで読む気がなくなってしまうということがあります。目次を見て，興味のあるところだけ読めばよいと伝えても，もともとの分量に圧倒されてしまうことがあります。

　そこで，**著者名，タイトル等の必要な情報を伝え，あわせてその本で特におすすめしたい箇所を読ませたり，知らせたりするという方法**を取ると，これまで述べてきた方法の課題を解決することにつながります。

　このときには，必要最低限のことを伝えます。それを読むことで用が済んでしまう教師もいますし，そこをきっかけにして1冊読む教師もいます。本を知り合うことは，教科会メンバーの授業づくりの考え方を一層理解し合うことにつながります。

まずは見開き1ページくらいの分量を示して，内容を知り合うようにしたい。5分くらいで読める内容を紹介し合うようにすると，無理なく紹介し合うことにつながる。

32 研修に出かけ，報告する

教科会メンバーそれぞれの考え方や授業づくりの作法から学ぶことは大きい。さらに，外部の研修に行き，学んだことを共有することで，最新の授業を生徒に提供できる可能性が生まれる。

研修の価値

　教科会が教科会メンバーにとって「学べる教科会」として意識されることにより，教科会メンバーの授業力が向上し，生徒にとって楽しく力がつく授業の実現につながっていきます。教科会メンバーの授業を見合ったり，板書やワークシートを共有したりすることも強力な学び合いなのですが，外部からの刺激を直接感じることも，授業力向上のためには大切な学びです。本を紹介し合うことは，紹介された本を落ち着いて読むという静的な学びにつながります。一方，研修内容を紹介し合うことは，紹介する教師にとっては，ライブで学んでくるので動的な学びとなり，それを紹介してもらう側にとっても間接的に動的な学びとなります。

　本を読む場合は，書かれていることを読み手が解釈することにより学びが成り立っていきます。読み手の読解力と書き手の文章力により理解度は異なります。研修の場合，優れた講師は聴衆の質を見抜きながら研修を進めていくものです。やはり，百聞は一見に如かず，本を読むだけでは理解しにくかったことが，実際に話を聞くと腑に落ちることが多いものです。

　一度授業づくりのためのノートをつくってしまうと，**新たに授業づくりについて学ぼうとしない教師もいますが，自分はそれでよくても，生徒にとってよいとは言えません。**授業づくりの考え方や方法は絶えず更新されていき

ます。中学校教師は生徒指導案件が起きる場合や，土日の部活動指導を抱えている場合も多く，とにかく忙しいのですが，できる範囲で研修に参加し，授業力の更新を図りたいものです。

学んだことの共有の仕方

　研修に参加したら，それを共有し合いたいものです。ここが主任の活躍の場です。共有の仕方には複数の方法があります。

　最も簡単なのは，教科会の時間に口頭で伝えるという方法です。これだと文書をつくる必要がなく，報告者の負担が軽くて済みます。簡単な方法だからといって効果が見込みにくいわけではなく，**報告の際の声の調子などから，報告者にとって研修がどれだけ充実していたかは伝わります**。とても楽しかったという雰囲気が伝われば，聞いている教師にとって，もっと話が聞きたいとか，今度は自分が参加したいという意識をもつことにつながります。

　もちろん，文書で報告する方法もあります。このとき大切なのは，例えば**「A４判で１枚の半分以内」というように，分量を極力少なくする**ことです。そうすることで，報告者の負担を減らすことができます。さらに，報告者にとって，教科会メンバーに何を伝えたいのかを吟味する必要が生じることで，一番の学びは何だったのかを改めて確認することができます。読み手にとっても，読む時間の軽減につながります。詳しく知りたいことがあったら，直接尋ねればよいわけです。

　国語主任会など，主任が出向く研修があれば，まず主任が口頭や簡単な文書で教科会メンバーに報告することでモデルを示します。

教科会メンバーに，研修に出かけることへの抵抗感をなくし，研修内容を共有することへの価値を感じ取らせたい。まずはどんな研修があるのか定期的な紹介をし，研修の意識づけをしたい。

33 主任自身の授業の腕を磨く

主任になって「がんばろう！」と思う教師もいれば，「やれやれ面倒が増えた」と思う教師もいる。自分ががんばる先には大事な生徒がいることを意識し，できることから前向きに取り組みたい。

どんな主任に束ねてほしいか

　国語科主任になることにやりがいを感じる教師は多いと思います。
　一方で，「面倒」「負担」と思う教師が多いのもまた事実です。そもそも主任になるか否かは，立候補で決められる類のものではありません。自分以外の教科会メンバーは今年度新たに着任した教師ばかりで，若いけれど自分はその学校での経験年数が一番長いから，という場合もあるでしょう。国語科の教科会には自分よりも経験年数が長く，年齢が上という教師がいるのに，他の教師は教務主任だったり，学年主任だったり，それぞれがポジションを受けもっているので主任が自分に回ってきてしまった，という場合もあるでしょう。
　こういった場合に，主任を「押しつけられた」と思うのは自然な気持ちです。しかし，「どうして私がやらなきゃいけないんだ」と思って１年間を過ごすのと，「せっかくだからがんばってみるか」と思って１年間過ごすのとでは，１年間を過ごしていくときの気分や，１年間が終わった後に自分についた力といった点で大きな違いがあるでしょう。
　担任をしていて学級経営が苦しかったり，部活動など他の校務分掌も忙しかったりして，せめて国語科主任の仕事は流したいという場合は致し方ないでしょう。けれども，少しでも余力があったら，この際勉強しようと思い，

学ぶ姿は，自分のためばかりではなく，教科会メンバーを背中で引っ張る姿となるとともに，**何より自分が受けもつ生徒のためになります**。

何をどのように学ぶか

　これまで国語の授業はがんばってきたけれど，取り立てて本を読むことはなく，研修に行くこともほとんどないという先生は多いでしょう。
　そんな中で国語科主任になり，「せっかくだから学びましょう」と言われても，どこから手をつけてよいのやらわからないという状態になりがちです。大手通販サイトで「国語授業づくり」と入れて検索をかけると，膨大な量の書籍が表示されます。こういったものを見ると，どれが今大切なのかがますますわからなくなります。
　はじめの一歩として勧めたいのは，国語教育専門誌の定期購読です。
　今月は「読むこと」，次の月は「書くこと」のように特集が組まれているので，学ぶ内容が定まり，また，広がります。執筆者は現在活躍している方であったり，その分野のオーソリティだったりします。新しく，そして本質的なことを学べる機会になりますし，著者に興味をもったり，共感したりした場合，その著者の書いた本を読んでいくことやその著者の講演を聞いたりすることで学びは自然に深まっていきます。
　講演等の情報を調べる際には，探している先生以外の方が講師を務める講演タイトルも目に入ります。多くの講演は，今，そしてこれから大切になることを先取りしているので，タイトルを見たり，講師の名前を見たりすることで，最先端にも触れることができます。

雑誌の定期購読は「買っただけで読んだ気」になりがち。すべての記事を読もうと思わずに，「目次を見て目に留まった1本は必ず読む」といったように，必ずできそうな習慣をもちたい。

第4章
各領域の授業づくりのポイントを共有する

34 学習指導要領の構造を共有する（話すこと・聞くこと）

他領域の内容が1つであるのに対して，「話すこと・聞くこと」は「話すこと」「聞くこと」「話し合うこと」の3つで構成される。それぞれの特徴を理解して単元づくりを進めたい。

各領域のポイントを共有する意味

　教科書に掲載されている教材と手引きを読み，何をどのように指導するのかを決め出して単元を組み，授業を行う教師は多いです。一方，学習指導要領に示されている指導事項の何を指導するのかについてまで意識を働かせていないという教師もまたいることでしょう。

　確かに，教科書教材にはその教材の指導のための手引きがあるので，それに基づいて指導すれば問題ないという考え方もあるでしょう。しかし，手引きはあくまで教材文の内容に沿って具体的に書かれたものです。この教材を学習することを通して生徒にどんな力をつけるのかという点について教師が考えるためには，指導事項を意識する必要があります。そうすることで，生徒の学習をその教材内で閉じたものにせず，他の教材等でも使える資質・能力を身につけさせる授業づくりにつながります。

　また，3領域それぞれに特徴や指導上気をつけるべきことがあります。**主任が指導事項とともに各領域の特徴を把握し，教科会メンバーと共有することで，より力のつく単元や授業を全員がつくっていくことにつながります。**

「話すこと・聞くこと」の特徴

　「話すこと・聞くこと」領域は，他の領域と異なり，「話すこと」「聞くこ

と」「話し合うこと」の3つの活動で構成されています。
　それぞれの指導事項は次のようになっています。

○「話すこと」の内容（括弧内は該当する指導事項の記号）
　・話題の設定，情報の収集，内容の検討（A(1)ア）
　・構成の検討，考えの形成（A(1)イ）
　・表現，共有（A(1)ウ）
○「聞くこと」の内容
　・話題の設定，情報の収集（A(1)ア）
　・構造と内容の把握，精査・解釈，考えの形成，共有（A(1)エ）
○「話し合うこと」の内容
　・話題の設定，情報の収集，内容の検討（A(1)ア）
　・話合いの進め方の検討，考えの形成，共有（A(1)オ）

　以上「話すこと・聞くこと」領域に関しては，「話すこと」「聞くこと」「話し合うこと」の3つの活動ごとの指導事項が設定されています。3つの活動に共通することもあります。その大きなものは3つです。1つ目は**「話題の設定」**です。どんなことを話題にするのかを決めるだけではなく，その話題に対しての自分の考えをもつことまで踏み込むことが積極的な学習につながります。2つ目は**「考えの形成」**です。活動する中で自分の考えをもつことです。そして3つ目は**「共有」**です。大まかに言えば，まず考えをもち，活動する中で考えを共有し，最終的に自分の考えを更新するということです。

「話すこと・聞くこと」領域は，活動ごとに指導事項も3つに大別される。一方，3つの活動の共通点もある。それぞれの活動の共通点と相違点を意識しながら単元を組みたい。

第4章　各領域の授業づくりのポイントを共有する　081

35 短時間で効果的な活動を考え合う（話すこと・聞くこと）

「話すこと・聞くこと」領域の授業時数はわずか。時数が少ないからこそ，短時間でも効果が上がる単元・授業づくりが必要になってくる。

「話すこと・聞くこと」領域の時数

中学校の国語の授業時数は以下のようになっています。

> 1学年…140単位時間
> 2学年…140単位時間
> 3学年…105単位時間

ちなみに，小学校の国語の授業時数は以下のようになっています。

> 1学年…306単位時間　2学年…315単位時間　3学年…245単位時間
> 4学年…245単位時間　5学年…175単位時間　6学年…175単位時間

中学校では1，2年でも週4回であるのに対して，小学校2年では週に9時間ある計算になります。もともと割り当てられている国語の授業時数は小学校に比べて中学校はとても少なくなっています。

さらに，「話すこと・聞くこと」領域の授業時数を見てみると，次のようになっています。

> 1学年…15〜25単位時間程度
> 2学年…15〜25単位時間程度
> 3学年…10〜20単位時間程度

小学校では,以下のようになっています。

> 1,2年…35単位時間程度
> 3,4年…30単位時間程度
> 5,6年…25単位時間程度

　小学校でも全体の授業時数からみれば「話すこと・聞くこと」領域の時数は少ないのですが,中学校になるとさらに時数は少なくなります。毎学期「話すこと・聞くこと」領域の単元を1本ずつ行うとすると,各単元の時数はごくわずかなものとなります。

効果的な指導の工夫

　授業時数が少なくても,教科書を読んでおしまいにはしたくありません。短時間でも効果を上げるために大切なことは**各単元,各授業で指導したいこと,及び活動を絞り込む**ことです。1年の話し合いで互いの発言を結びつけるために付箋を使うなど,活動をはっきりさせ,生徒が理解しやすいモデル活動を行い,シンプルな活動を円滑に行えるようにすることが大切です。

教科書の活動モデルを参考にして,生徒の活動の絞り込みや,導入時に行うモデル活動について教科会で相談し,生徒が取り組みやすい活動をつくりたい。

36 魅力あるテーマを考え合う
（話すこと・聞くこと）

> スピーチや話し合いなどは，生徒にとって大きなエネルギーを使う活動になる。エネルギーを使うのにふさわしいテーマを設定したい。

動機づけの大切さ

　活動をすることによって，生きるうえでの価値が手に入る。活動をすることによって，地域や学校がよくなるなどの他者への貢献ができる。こういった強い動機づけがあると，生徒の課題を追究する意欲は高まります。

　活動への動機が強いことは，2つの効果を生みます。1つは，**粘り強い追究意欲**です。「話すこと・聞くこと」領域の活動の場合には，個人あるいは協働でスピーチ，プレゼン，話し合いをつくっていきます。何もない状態からつくり上げるためには，強い動機づけから生まれる粘り強さが必要です。もう1つは，**思考の焦点化**です。活動の相手や目的が定まっていると，それに応じた話し方を考えるといった課題が生まれ，学習内容が具体化し，生徒の思考が焦点化していきます。

　一方で，「スピーチをします。ここでの出来栄えは通知表に反映されます」といった，「評定をよりよくするため」という動機づけが行われる場合があります。このような動機づけはついやってしまいがちですが，活動の本来的な目的とは大きく異なるものです。また，評価する権限を教師に握られている生徒にとっては，脅迫と同類のものです。**「評定に反映されるのでしっかりやりましょう」といった類の動機づけは，教科会メンバーの間で禁句にすることが望ましいでしょう。**

どのような動機づけがよいか

　スピーチをしたり，聞いたり，インタビューをしたり，話し合いをしたりすることによって，得る**「価値」**がある。こういった話題の場合に，生徒はやる気を示します。

　こんな話題で話し合ったら，お互いの考えのずれが見えておもしろいだろう。このような，**知的な「おもしろさ」「楽しさ」**を感じさせる話題にも，生徒はのってきます。

　さらに，特定の相手に**「貢献」**したいという思いをもたせると，相手のためにがんばることができます。

テーマの具体を相談し合う

　生徒が強い動機をもてるようなテーマがよいことはわかりますが，具体的にどんなテーマがよいのかとなると，なかなか難しいところです。そこで，教科会のメンバーの経験や知恵を集めることが重要になります。教科書に掲載されているテーマは1つの例ですから，積極的に自校の実態に合わせたものにアレンジすることが大切です。例えば，「前任校では，生徒の実態に合わせて『校則は生徒が決めるべきか』というテーマで話し合いの単元を組んだら，多くの生徒が積極的に取り組めた」といった情報を出し合い，自校の生徒の実態に合わせていくとよいでしょう。

　特に話し合いの場合には，**結論を決めて実行していくのか，1つに収束させないのかといったゴールもはっきりさせることが大切**です。

話してみたい，話し合いたいテーマが決まると，生徒は積極的に自分の考えをもち，能動的に活動していく。だからこそ，活動への動機づけとテーマは教科会で知恵を絞りたい。

37 階段を上るように活動を仕組む（話すこと・聞くこと）

「話すこと・聞くこと」領域の活動で使う授業時数は少ない。少ないからといって、また「このくらいはできるかな」と考えて大雑把に単元を組むと、生徒の活動は停滞する。

「話すこと・聞くこと」領域の活動の落とし穴

　「話すこと・聞くこと」領域にかける時数は多くありません。小説や論説を読むこととは異なり，「話すこと・聞くこと」の学習の多くは，日常生活や社会生活の中からの話題です。生徒にとっては，難しいことではありません。単元で話題にしていくことについて生徒に投げかけてみると，多くの生徒が自分の意見を言えるようなことが多くあります。そのため，「授業時数も短いし，話題は生徒にとって身近なもの。だから，スピーチをつくるのはそれほど大変ではないだろう。話し合いも活発にできるだろう」などと思いがちです。インタビューでも「生徒にとって関心のあることを話題にしたら，聞きたいことはその場でたくさん出てくるだろう」と思いがちです。

　このような見通しで大雑把な単元を組むと，生徒はなかなか活動を進めていくことができないということが往々にして生じます。「大雑把な単元」というのは，例えば「〇〇中学校のSDGsを推進するための方法を話し合おう」といった単元を組んだとき，単元導入の意欲づけをした後，すぐに話し合いに入っていってしまうようなケースです。また，「中学校に入ってがんばりたいことを語り合おう」という単元を組み，スピーチの下書き原稿をいきなり書かせてしまうようなケースです。

　教師には「SDGsは生徒にとって身近なことなので，きっとそれぞれで

考えはあるだろう。だから，話し合いも進むだろう」という思いや，「中学校に入ってきたばかりの生徒はやりたいことがたくさんあるだろう。だから，すぐにスピーチできるだろう」という思いがあります。しかし，実際多くの生徒にとってはそうではありません。やはり，**丁寧に順を追っていかないと，一部の生徒の活動が進むだけで，多くの生徒にとっては苦しい活動になってしまいます。**

階段を上るようなイメージで

　多くの生徒にとって大きな負担を感じることなく活動を進められるようにするには，**「階段を１歩ずつ上る」**ようなイメージで単元を組むことが適切です。例えば「中学校に入ってがんばりたいこと」のスピーチであれば，スピーチを伝える目的や相手，スピーチを行う状況を共有します。そのうえで，「どんなことをがんばりたいのか」について個人で考えさせ，それを共有します。自分では考えられなかった生徒も，共有する活動の中でがんばりたいことのヒントを得ることができます。そうしたら次は，「なぜがんばりたいのか」「がんばっていくための方法は何か」といったことを考えさせます。材料がそろってきたところで，「どのように配列したらよいか」を考えて，構成します。このように，一つひとつの段階を丁寧に行っていくことで，少しずつスピーチができていきます。

　スピーチの本番や話し合い，インタビューで生徒の活動が停滞してしまう場合，これらのどこかの過程を飛ばしているために準備不足が生じていることがあります。

スピーチを確実につくる。話し合いが活性化する。そのための活動ステップを教科会で共有する。スモールステップを確実に踏ませていくことで，話したい，話し合いたい気持ちも高まっていく。

第４章　各領域の授業づくりのポイントを共有する　087

38 単元で大切にする考え方を決め出す（話すこと・聞くこと）

スピーチや話し合いの活動では，教室に生徒の声が満ちる。そのことで教師は満足しがちだが，活動を通して今後使える力をつけることを意識したい。

活動が活発であることの危険性

例えば，「○○中学校のよいところと改善したい課題」についてのスピーチ。教室を四分割し，それぞれのコーナーに集まり，話し手と聞き手を順番に交代しながら活動します。教室の中は，スピーチをする生徒の声，スピーチへの拍手，感想の声で適度な賑やかさに包まれます。話し合いを行う際も，生徒にとって興味のある話題や，問題意識をもつ話題，生徒によって意見が分かれる話題など，意欲を喚起する話題を設定すると，活動はとても活発になります。活動が活発に展開していくこと自体はすばらしいことです。しかし，活動が活発に展開されるからこそ気をつけなければならないことがあります。それは，**生徒に確実に力がついているか**ということです。ことに「話すこと・聞くこと」のような音声言語中心の活動では，生徒の声がたくさん交差し，賑やかになるので，教師側は「学習がとても充実している」という思いになることが多いです。しかし，ただスピーチが楽しいとか，話し合いが盛り上がるといったことだけが生徒，教師の関心の対象であるというのは，とてももったいないことです。

使える「考え方」を大切に

では，スピーチや話し合いの活動が盛り上がることの他に何を大切にした

らよいのでしょう。それは，「考え方」です。スピーチをどのような筋道で展開したらよいのか，話し合いの際，お互いの意見に対してどのような意識で検討したらよいのか，このようなことが活動を通して身につくことで，単元が終わった後，同様の課題と出会ったときに対応していく力になります。また，スピーチをつくることがうまくできない，話し合いの活動で出される意見が乏しい，こういった状態の原因の1つとして，どのように考えたらスピーチをつくることができるのか，どのようにお互いの意見を検討するのかといった考え方がわかっていないという場合もあります。

したがって，考え方を大切にすることは，盛り上がったけれど力がついていない活動，盛り上がらない活動，いずれの場合にも効果を発揮すると言えます。

考え方の見つけ方

単元で大切にしたい考え方を見つけるには，3つの方法があります。1つ目は，**教科書の手引きなどを活用する**ことです。2つ目は，**指導事項から「共通と相違」などのキーワードを見つける**ことです。3つ目は，**学習指導要領の「情報の扱い方に関する事項」（知識及び技能(2)）から「比較」「具体と抽象」などのキーワードを見つける**ことです。指導事項には「論理展開」といった抽象的な言葉もあります。その際，「情報の扱い方に関する事項」を見ると「意見と根拠」といった具体を見つけることができます。教科会で教材研究をして，「この単元での考え方は『比較』」といったように，考え方を絞り込んで決め出すとよいでしょう。

考え方を決め出すことは，生徒にとって活動のしやすさと，活用する力の獲得につながる。教師にとっても何を軸に指導したらよいのかが明確になる。

39 発表し合う場を大切にする
（話すこと・聞くこと）

> スピーチは各自が作成した後が大切。スピーチ原稿やスピーチを撮影した動画を提出させる前に必ず行うべきことがある。それは「発表」。

スピーチのゴール

　スピーチを生徒につくらせていくことのゴールは大きく分けて２つあります。１つは，生徒の学習状況を評価することです。学習状況の評価は，学期末・学年末の評定につながっていきます。評価するためには対象が必要となります。評価対象として最もわかりやすいものは，生徒のつくったスピーチそのものです。それは，スピーチ原稿やスピーチメモの場合もありますし，生徒がタブレットに向かってスピーチしたものを録画したデータという場合もあります。スピーチをつくり，練習し，各自が動画を撮って提出して単元終了，ということになっても，違和感をもたない生徒もいます。活動して成績に残すことが中学校の学習として当たり前の意識になっているからです。

　しかし，**このようなゴールに加えて，しっかりとスピーチを発表し，語り合うといったゴールに至らせることにより，生徒はより大きな達成感や満足感を得ることができます**。そうすれば，次に同様の課題と出合ったとき，前回用いた方法を使ってみようという意識にもなるでしょう。また，スピーチをつくる際に深めた考えや，スピーチを聞くことによって深まった考えは，生徒のものの見方を拡げてくれることでしょう。さらに，スピーチを発表する人の考え方等を知ることは，国語の学習という観点を超えて，相手を理解することとなり，よりよい人間関係をつくっていくことにもつながります。

発表の形態

これまでに述べたように，生徒にとって，つくったスピーチを発表し，また，スピーチを聞くことにはとても価値があります。しかし，実際に発表するとなるとなかなか難しいものです。

その要因は2つあります。1つは，**発表人数と発表時間の問題**です。例えばクラスに30人生徒がいて，1人2分ずつスピーチすると，スピーチだけで60分かかることになります。授業時間は1時間では収まりません。これでは時間がかかり過ぎですし，スピーチ30連発は最後まで集中して取り組むのがなかなか難しい活動です。そこで，生徒をいくつかのグループに分け，その中でスピーチを聞き合うようにします。そうすると，すべての生徒が1時間のうちでスピーチをすることができます。

発表相手を共有する

2つ目の要因は，**発表相手の問題**です。例えば，地域の方に向けた啓発活動の1つとしてスピーチをつくった場合，地域の方に聞いていただく場が必要になります。しかし，聞いてくださる地域の方のあてがない場合には，スピーチを行うことが難しくなります。聞いてくださる方を見つけるのはかなり骨が折れます。

こんなとき，教科会メンバーがもっている情報を出し合ったり，見つけ合ったりすると，お互いの負担軽減になり，次年度以降にも活用することができます。

がんばってつくったスピーチは発表まで行わせたい。発表を行う際には，グループ分けを行うなど，生徒が飽きない工夫が必要。学校外に向けての発表も，教科会で情報交換し開拓していきたい。

40 学習指導要領の構造を共有する（書くこと）

「書くこと」領域の指導事項は5項目。5つの項目の内容は他領域の内容とも共通性が高い。領域を超えて何を指導すべきかの意識をもちたい。

「書くこと」領域の指導事項

「書くこと」領域の指導事項は次の5つです。

○「書くこと」の内容（かっこ内は該当する指導事項の記号）
・題材の設定，情報の収集，内容の検討（B(1)ア）
・構成の検討（B(1)イ）
・考えの形成，記述（B(1)ウ）
・推敲（B(1)エ）
・共有（B(1)オ）

　まず，相手意識や目的意識をもち，話題を決め，情報を集め，その中から書く内容を決め出します。そのうえで，構成を考えて，自分の考えがよく伝わるように工夫して書きます。その際，相手に伝わりやすくなっているかを点検して推敲します。書き上がったものはお互いに読み合い，よさや今後に向けた改善点を自覚するという流れになっています。

「話すこと・聞くこと」との共通性

　このような学習の流れは，「話すこと・聞くこと」領域の，「話すこと」と

よく似ています。「話すこと」の指導事項との共通性を見ると，次のような組み合わせができます。

> 話すこと…話題の設定，情報の収集，内容の検討（A(1)ア）
> 書くこと…題材の設定，情報の収集，内容の検討（B(1)ア）
>
> 話すこと…構成の検討，考えの形成（A(1)イ）
> 書くこと…構成の検討（B(1)イ），考えの形成，記述（B(1)ウ）
>
> 話すこと…表現，共有（A(1)ウ）
> 書くこと…考えの形成，記述（B(1)ウ），共有（B(1)オ）

　内容的に見ると，例えば2学年では「話すこと・聞くこと」の「イ　自分の立場や考えが明確になるように，根拠の適切さや論理の展開などに注意して，話の構成を工夫すること」と「書くこと」の「ウ　根拠の適切さを考えて説明や具体例を加えたり，表現の効果を考えて描写したりするなど，自分の考えが伝わる文章になるように工夫すること」では，どちらにも「根拠の適切さ」と記されています。

　このように，他領域との共通性を教科会メンバーが認識していることで，例えば，意見文を書くときに「スピーチをつくるときにどんな根拠を使うとよかったですか」と尋ねて，**「話すこと」で学んだことを引き出し，使わせることができます。**

学年内で指導することは領域を超えて共通するものが多い。領域間の共通点を教科会メンバーで整理しておくと，他領域で学んだことを「書くこと」の学習で活用し，学びの一層の定着につながる。

41 調査活動を精選する（書くこと）

教科書を見ると，「書くこと」領域の学習では，情報の収集で，図書館やインターネット，地域でのインタビュー等の活動が設定されている。生徒が可能な方法を取ることが重要。

「書くこと」がないと書けない

　「書くこと」領域の学習が充実するためには，書くための材料を生徒がたくさんもっていることがとても大切です。

　書く材料があれば，構成や記述の段階で活動が停滞してしまっている生徒に対して，どのように書いたらよいのかを指導することによって，先へ進ませることができます。

　しかし，構成や記述の段階になったときに，書くことがない，書くことが乏しい生徒に対しては，どのように書いたらよいかを指導することができません。もう一度材料集めに戻らないといけなくなります。

理想と現実は違う

　書くための材料は，生徒自身が調べることにより蓄えられます。「食文化」「環境保護」「地域の魅力」といったテーマに沿って見つけていきます。調べ方としては，図書資料，インターネットといったメディアとともに，家族，地域住民，役所に勤めている方などへのインタビュー等があります。

　外部の方へのインタビューについては，国語の授業の中で行うことはなかなか難しいので，インタビュー等の取材については，宿題になる場合があります。

家庭に帰った生徒の中には，宿題に出されたインタビューを誠実に行ってくる子もいますが，まったくやってこないという子もいます。そうすると，宿題としてインタビューを行ってきた生徒は授業の中でインタビュー内容を基にして次の活動を展開していくことができますが，やってきていない子の活動は停滞し，学習状況に差が生まれていきます。

　教科書の活動例として，地域の方へのインタビューといったものが示されている場合がありますが，**この活動は多くの生徒が確実に行えるものではありません。**学校の授業の中で確実に材料が集められるような指導が基本になります。宿題でインタビューするという場合には，先方と連絡を取り，いつ実施するのかを決め，生徒には，どのようなことをどうやって聞いていくかということを事前に指導することが必要になります。

調査先，調査方法の共有を

　図書資料やインターネットから材料集めするときも，下準備は非常に重要です。生徒が調べたいことが載っている書籍は図書館のどの棚にあるか，教師が把握しておく必要があります。**「図書館にはたくさん本があるから，調べたい本は自分で見つけることができるだろう」**とか，**「インターネットでは検索エンジンを使えば，必要な情報は見つかるだろう」**といった楽観的な思い込みは危険**です。図書館は下調べをしておき，生徒が迷うことの少ない状況をつくっておきます。インターネットについても同様です。生徒が調べたいことが載っているサイトはお気に入りに登録しておき，生徒の求めに応じて教えていけるとよいでしょう。

効果的な図書資料やウェブサイトの情報は，教科会で共有することが重要。さらに，メンバーが新たな本やサイトを見つけた場合にも，メンバーと共有することで調べる内容の充実につながる。

42 「書き方」を確実に指導する（書くこと）

「書き方」には，2通りの意味がある。1つはいわゆる「記述」，もう1つは「構成」。構成では「序論・本論・結論」の筋道を指導する必要がある。

「記述」は見本を真似て

　「書くこと」の学習の1つの段階として，材料集めをして，構成を考えてきたものを基に記述をする段階があります。このとき，構成メモを基にしていきなり文章を書かせる指導をする教師はあまりいないでしょう。なぜなら，それでは生徒はどのように書いたらよいかイメージをもちにくいからです。また，構成メモからいきなり文章化では，記述の段階で指導すべき事項の指導をすることができません。

　そこで効果的なのが，見本を見せて，構成メモから記述の段階でどのような変化があるかに気づかせることです。例えば「表現の効果」の指導をしたい場合には，構成メモに書かれている言葉を比喩やオノマトペ等を使った言葉に換えておくと，生徒には，表現の効果をねらった書き方の1つに気づかせることができます。また，具体的なお手本が示されていることで，どのように書いたらよいかというイメージも生徒にもたせることができます。

　この見本は，教師が作成したものでもよいですし，前年度生徒が書いたものをコピーしておき，それを活用することも効果的です。教師が書いたモデルよりも，同じ年代の生徒が書いたものの方が，生徒にとっては理解しやすいでしょう。**教科会メンバーが「書くこと」領域の単元を行ったら，次の年度に紹介したいものを共有できるようにしておくと便利**です。

「構成」は論理展開を意識させる

生徒にものを書かせる際,「記述」の段階は重要ですが,さらに大事なのが「構成」の段階です。特にいわゆる「本論」に当たる箇所,説明などの具体が書かれる箇所をどんな筋道で書くかを意識することで,文章が論理的になり,また読みやすくなります。

論理展開はどう意識するか

生徒が使う構成メモに「調べたことの並べ方」とその「理由」といった展開の意図を書く欄をつくります。ここに,例えば「調べた理由,結果,考察」や「身近なことから」といった順序を書かせます。ちょっとした工夫ですが,筋道をつくるためには効果的です。

結論	本論3	本論2	本論1	序論
	調べたことの並べ方「　　　　　　」理由「　　　　　　」			

本論の事例等の並べ方は,文種によって異なる。どんな文の種類には,どんな並べ方になるかを教科書の見本を参考にしながら,教科会で決め出したい。

43 時間がかかることを計算する（書くこと）

特に「記述」の段階になると，文章を書く速さの個人差が如実に表れる。書くのに時間がかかる生徒に対し，宿題として持ち帰って学習させることはないようにしたい。

書くことには時間がかかる

　材料集めをしっかりと行い，書くことが定まり，構成メモを仕上げ，どのような流れで書いたらよいかを決めても，生徒が文章等を書いていく段階になると，個人差が大きく表れます。書くのに時間がかかる生徒は，書き出し，接続語，文末表現等，文章表現をどのようにしたらよいのかで困ってしまう場合が多くあります。

　使うことのできる授業時数は限られているので，書くのに時間がかかる生徒に対して，宿題として家で仕上げてもらう方法を取ることがあります。しかし，**もともと学校でうまく書けない生徒が，家に帰ったら劇的にすらすら書けるようになるはずがありません**。宿題として持ち帰った生徒は，家で長時間かけて書くか，途中であきらめる結果になります。

「記述」に使う時間を多く取る

　上にあげた状況はどの教室でも起こり得ることです。しかし，極力避けたいことでもあります。以下，書くことが終わらず宿題になってしまうことを回避するための３つの方法について述べます。

　１つ目は，**「記述」段階にかける時間をできる限り多めに設定すること**です。これは，年間指導計画を作成する段階から意識しておきます。主に「読

むこと」領域での指導時数を調整しながら，「書くこと」領域の中で「記述」に使える時間を少しでも余裕をもって設定します。そうすることで，教師の心にも少し余裕が生まれ，一層生徒に寄り添う指導が可能になります。

ノルマは少なくする

2つ目は，**そもそもの「ノルマ」を少なく設定すること**です。特にわかりやすいのは，意見文を書く際の原稿用紙の量でしょう。「原稿用紙3枚」と言われるとその量に気後れしてしまい，鉛筆が進まなくなる場合があります。一方で，「原稿用紙1枚と半分以上」と言われると，「中学生にしては少し少ないなぁ」と思い，そのハードルを越えることに対しての抵抗が軽減され，結果的に原稿用紙2枚，3枚と書けることにつながる場合があります。

結局は指導事項が実現されればよいわけですから，生徒の実態に合わせながら，ハードルを下げるとよいでしょう。

学習用端末の積極的な利用

3つ目は，**学習用端末を積極的に利用すること**です。書くことが苦手な生徒の中には，漢字で書こうと思っても漢字を忘れてしまった，言い回しを直そうと思っても消しゴムで消して書き直す範囲が広くてやる気を失う，といった生徒がいます。こういった場合への手立てとして，学習用端末を使って文章を書かせるという方法があります。多くの分量を書くときこそ，手書きで書く活動を入れられる貴重な学習場面であるとも言えますが，ここでより大切にしたいのは，生徒が時間内に文章を書き終えることです。

授業で行っていることは授業内で完結させることを教科会での共通認識にしたい。そのうえで，上にあげた3つの方法を参考にして，全生徒にチャイムが鳴るより前に書き終える喜びを感じさせたい。

44 書いたものを交流し，自信をもたせる（書くこと）

「書くこと」領域の仕上げの1つとして位置づけられるのが「共有」。この段階まで至ることを必須としたい。共有の段階があることで，生徒は書くことへの自信がもてる。

「共有」に至らない単元

　意見文，批評など，単元を通して生徒は自分の文章をつくっていきます。例えば「匿名での投稿についてどのように考えるか」などのテーマで意見文を書き，それを読み合って自分の考えを深め，広げるという動機をもち，活動に取り組んでいくのですが，清書したものを教師に提出して終了，といった単元の終わり方になっていることがあります。その原因は，書き終わらない生徒をつくってしまったためです。**「がんばって書いたけれど，結局教師に提出して終了。自分の文章に対する反応はない」**という状況では，単元の目的を果たしているとは言えませんし，生徒に満足感や達成感をもたせることもできません。次に同様の単元があったときにモチベーションが上がらない，ということにもつながります。

「共有」を行うことで

　一方，お互いの書いたものを読み合い，感じたこと，思ったことを伝え合う「共有」を行うと，生徒はまず「目的地まで到達した」という思いをもつことができます。教室の中で共有した後，書いたものを地域の方など外部の方に読んでもらう場合には，教室内での共有は，「いったん目的地に着いた」ということになります。

お互いの文章を読み合うことにはとても大きな意味があります。
　まず，他の生徒の文章を読むことの効果です。内容と書き方，2つの点で学ぶことができます。例えば，匿名投稿に関する意見であれば，他者の考えに触れることで，自分の考えを改めて見つめ直し，一層深く，広く考えることができます。書き方については，他者の用いている論理展開のよさに触れることができますし，表現のよさも学ぶことができます。
　次に，自分の文章を読んでもらうことの効果です。読み手から，どんなことを思ったのか，それはどんなことを取り上げ，どんな書き方をしてあったからなのかということを伝えてもらいます。そうすることで，自分の書いた文章が他者に理解されること，認められることをまず感じることができます。それは，自信につながるとともに，書くことに対する抵抗感を減らしたり，意欲をもたせたりすることにつながります。
　何時間もかけて調べ，書き上げるには，相当のエネルギーを必要とします。**このがんばりが報われる場を設けることの重要性を，教科会で共通理解しておきたい**ものです。

「共有」で配慮すべきこと

　読んだ文章に対するコメントの内容は十分指導することが必要です。なぜなら，学習したことを見合う際には「相互評価」になる場合が多いからです。相互評価になると，生徒が文章を書いた目的に正対した活動にはなかなかなりません。「どんなことを思った・感じたか，それはどんなことをどのように書いていたからだ」といったことを伝え合いたいところです。

文章を読み合う際には，できるだけ多くの生徒の書いたものを読むことができるように活動を組む。同じクラスの生徒が書いた多くの文章に触れることで，人柄を理解し合うことにもつながる。

45 指導事項の構造を共有する（読むこと）

学年ごとの「読むこと」領域の指導事項を確認し，各学年に合った指導を行いたい。また，他領域との共通点を確認し，表現にも理解にも通じる考え方を身につけたい。

「読むこと」の指導事項

　数学等の系統性がはっきりした教科では，学年ごとに指導する内容が異なります。国語科では，例えば，小学4年の教材『ごんぎつね』で，「兵十に償いをするごんはどんなことを思っていたのでしょう」という発問を行うことが多いです。中学3年の教材『故郷』では「故郷を離れる『私』はどんなことを思っていたのでしょう」という発問を行うことが多いです。どちらも「登場人物の心情」を尋ねています。このように国語科は，年齢を超えて同じ発問をすることの多い教科と言えます。

　そこで大切になることは，**各学年の指導事項の違い**です。

　例えば，「構造と内容の把握」を見ると，中学1年では「場面の展開や登場人物の相互関係，心情の変化などについて，描写を基に捉えること。（C(1)ア）」とあります。一方，中学3年では「文章の種類を踏まえて，論理や物語の展開の仕方などを捉えること。（C(1)ア）」とあります。物語の展開についていえば，中学1年では「物語の展開を捉えること」，つまり，物語がどのように展開しているのかを捉えることが指導のねらいとなるのに対して，中学3年では「物語の展開の仕方を捉えること」となり，物語の展開について俯瞰した形で捉えるというように変わっていることがわかります。

　指導事項に書かれていることを基に教科書の学習の手引きはつくられてい

るので,授業は手引きを活用しながら進めていくことが多いです。ただ,時には教科会メンバーで各学年の指導事項を比較し,学年ごとの重点指導事項を決め出していくとよいでしょう。そうすることで,**どの学年でも似たようなことを教えているというのではなく,教科会メンバーが,学年や文の種類ごとに何を教えるのかをはっきりと意識して授業できることにつながります。**

他領域との共通性

「話すこと・聞くこと」領域が「書くこと」領域と共通した指導内容をもっているように,「読むこと」領域も他の２領域と共通した指導内容をもっています。

例えば,中学１年の説明的な文章の精査・解釈の指導事項には「文章の中心的な部分と付加的な部分,事実と意見の関係などについて叙述を基に捉え,要旨を把握すること。（Ｃ(1)ア）」とあります。

このうち「中心的な部分」に着目すると同じく１学年の「話すこと・聞くこと」には「自分の考えや根拠が明確になるように,話の中心的な部分と付加的な部分,事実と意見との関係などに注意して,話の構成を考えること。（Ａ(1)イ）」,「書くこと」には「書く内容の中心が明確になるように,段落の役割などを意識して文章の構成や展開を考えること。（Ｂ(1)イ）」とあります。いずれにも「中心」という語が書かれています。

領域を超えてその学年で指導するポイントを教科会メンバーが見つける機会を設け,そのポイントについては力を入れて指導することにより,それぞれの領域の学習の質も高まっていきます。

学年の指導事項をチェックすることで「この教材では何を読ませることが求められているのか」というポイントを整理できる。同時に他領域の学びに生かし,他領域での学びを生かせるかも考えたい。

46 「読み方を学ぶ授業」を合い言葉にする（読むこと）

生徒の活動が中心となる「話すこと・聞くこと」「書くこと」領域と異なり、「読むこと」領域の授業では教室に響くのは教師の説明である場合が多い。その説明にどれだけの効果があるのか。

「読むこと」の授業で教師の説明が長くなる理由

　小説や論説文等の読み取りを行う授業では、教室に響き渡る声の主は教師ばかりということがあります。なぜそのようなことが起きるのでしょうか。

　1つは、**教師自身がもともと「読むこと」が好きであり、知識も多く、生徒に知ってほしいことがたくさんある場合**です。小説を読んで質の高い解釈ができるという自負があると、生徒の読み取りはとてももどかしいものです。そうして、拙い読みを交流するよりも、教師の質の高い解釈を1人でも多くの生徒に知らせたいという意識になります。これは、教師が自分の読みをひけらかしたいというのではなく、むしろ善意に基づくものです。

　このような場合、教師の解釈に興味をもち、それを一生懸命聞こうという生徒は一定数います。ですから、説明にも力が入ります。しかし反対に、説明すればするほど興味をなくしていく生徒もいます。

　もう1つは、**生徒に委ねることへの不安が強い場合**です。この発問をしたとき生徒は自分の考えをもてるだろうかと不安で、個人追究の際にざわつき始めないかを考えたら自分が説明した方が安心する、というケースです。

小説の解釈は「暗記」か

　ここにあげたいずれの場合も、板書は丁寧にすることが多いです。生徒は

その板書を黙々と写していきます。そして定期テスト。板書したことがテストに出ます。このようなことが1年を通して繰り返されるので，教師が説明し，生徒は黙々と黒板を写して教師の解釈を暗記していく，ということが続きます。そうして国語が暗記科目のようになっていきます。授業で学習した教材文が出される定期テストでは点数を取れる生徒が多くいますが，3年生の総合テストで初見の文章への対応が求められるようになると，それまでのような成果を上げることは難しくなります。

教師の説明を少なくするためには

　教師の話を聞いて黒板を写す授業は，生徒にとって「楽」です。しかし，「楽しい」ものであるかは疑問です。また，自分で考えて課題解決をすることを繰り返さない限り，読む力をつけることは困難です。

　教師の説明を少なくするためには，読み取りの質が高い教師であれば，**どうやったらその解釈ができたのか，自分の読みを振り返ってみるとよい**でしょう。その読み方を生徒と共有することで，生徒自身が読み取りを進めていくことができます。

　生徒に活動させることに自信がない場合，その理由を考えてみることです。例えば，**発問が理解できるか不安であれば，同じ教材を扱う授業で教科会メンバーがどんな発問をするのかを知ることが効果的**です。

　主任は，ときどき教科会メンバーが授業をしている教室の廊下を通って，聞こえてくる声の主はだれかを知り，必要があれば助言するようにしたいものです。

他にも，1時間で教えたいことが多過ぎることも説明が多くなる原因の1つ。教科会メンバーで相談し，「このことは必ず指導する」というものを決めておくことも説明中心に陥らない方策となる。

47 文学的文章の教材研究を共有する（読むこと）①

授業で扱う小説や論説の内容が正しく理解できることは大切。並んで重要なことは，教室で学んだことを基にして，初見の小説や論説の解釈を自力で行えること。

小説を扱う授業の課題

『少年の日の思い出』『走れメロス』『故郷』，これらは長らく中学校の国語科教科書に掲載されている定番の教材です。

長く教師をしていると，これらの教材を何度も授業で扱います。授業をするごとに教材研究は深まりますし，生徒に指導したいことも多くなっていきます。長年積み上げてきた教師の読みを，読みが浅く，教材の本質をつかめない生徒に教えたくなります。

また，大学で太宰治などの作家研究や作品研究をしてきた教師の中には，教材や作家について指導書で述べられていることをはるかに凌駕する知識をもっている人もいます。

これらの教師の陥りがちなことは，自身の教材解釈を生徒に示すことに専心してしまうことです。

一方，生徒の考えを基に授業をつくっていこうとする教師も多くいます。教師は，生徒に話し合いをさせ，出された解釈を広げ，深めていきます。その結果，質の高い解釈に至ることがあります。

教師が引っ張る形でも，生徒が議論する授業でも，教材文の解釈という目的は達成することができます。しかし，これらの授業には決定的に欠けている視点があります。それは，**生徒に「読む力」をつける**という視点です。

小説や論説を授業で扱う２つの目的

　もとより，生徒が文章を読む場合，その主目的は「内容の理解」でしょう。したがって，教材文の解釈の質を上げることをねらう授業の方向性は自然なものです。

　一方，教室で文章を読む場合には，教師はもう１つの目的を意識する必要があります。それは**「読み方」を教えること**です。『故郷』の理解ができ，世界観を知ったとしても，どのようにしたら解釈できるのかを自覚させていなければ，学びは教材の内で閉じてしまいます。初見の小説を自分の力で解釈することができません。とてももったいないことです。

　「内容理解」と「読み方」，この２つを生徒が獲得できるような授業づくりが大切です。

教科会メンバーの意識統一を

　「内容理解」に教師の意識が偏り，「読み方」の獲得については意識が薄いということは，国語の授業づくりの課題として長らく指摘されてきたことです。その大きな要因は，国語科の教師の多くが，「内容」への関心が強く，「読み方」への関心が弱いことです。

　したがって，主任としては，「読むこと」領域の授業では，「内容理解」と「読み方」の両方を大切にした授業をつくることが生徒の資質・能力を育てるうえで必須であることを教科会メンバーと共有することから始める必要があります。

「読むこと」領域の教材を扱う時期になったら，この教材でどんな読み方を指導できるかということを教科会メンバーで意見交換する機会を必ず取りたい。

第４章　各領域の授業づくりのポイントを共有する

48 文学的文章の教材研究を共有する（読むこと）②

教師によって教材研究の方法は様々にある。ベースとなる教材研究を共有しておくことで，教材研究の土台が安定し，バランスの取れた単元設計となる。

教材研究の方法はバラバラ

　教師によって，教材研究の方法や内容には違いがあります。その原因としては，「教材研究はこの方法が一番」というものが確立しておらず，地域の研究会や学校などで先輩が行っていたことを基にそれぞれの教師がやりやすいようにしていることがあげられます。

　そのため，教材の解釈には深まりが見られるものの，学習指導要領の指導事項とずれていることもあります。また，言語活動はおもしろいけれど，やはり学習指導要領との関連性が低いことがある等，教材研究の内容に課題がある場合もあります。

ベースとなる教材研究

　以下にベースとなる教材研究の案を述べます。
　ステップは以下の５段階です（参考：国立教育政策研究所（2020）『「指導と評価の一体化」のための学習評価に関する参考資料』）。

```
1  指導事項の概観
2  教材文を読み，場面展開，人物の変化，特徴的な表現をつかむ
   ・場面展開：時・場所・人物設定，場面の役割，場面ごとのあらすじ
```

・人物の変化：人物の変化の原因，テーマ
　　・表現：比喩・オノマトペ・反復などのレトリック，空所
　３　生徒に考えさせたい中心を考える
　　・生徒の解釈が分かれると予想されるところ
　　・初発の感想で多くの生徒が疑問をもつと予想されるところ
　４　学習指導要領の指導事項で重点的に指導したいことを抽出する
　５　単元展開と毎時のねらい，見方・考え方，評価を考える

　このうち，時間があれば教科会の時間に教科会メンバーが協働して行うと楽しいのは２の段階です。
　ことに文学的文章を扱う授業は，生徒が思い描く作品世界と授業者が思い描く作品世界とがたとえ一致していなくても，授業にかける前に１人の読者としての読み，加えて，様々な読みの可能性を教師がもっておくことは非常に重要です。読者としての教師の読みが甘いと，読解力の高い生徒には見透かされてしまいます。多様な読みの可能性を意識しておくことで，多くの生徒の読みを価値づけることができます。
　読者としての読みを深め，読みの可能性を探るためには，教科会メンバーの読みを交差することが最も効果的です。また，こういったことを行うことで，お互いが文学的文章を読み取る力を高め合うことにもつながります。
　すべての文学的文章で行っていると大変ですから，前項であげた定番教材や，教科書が変わったときの新教材など，１年間に各学年１教材といったペースで行ってみるとよいでしょう。

文学的文章の解釈は，年代によって，人生経験によって幅がある。教師がお互いの読みを披瀝することは最初ははずかしいものだが，慣れてくるととても楽しい活動に変わる。

49 説明的文章の教材研究を共有する（読むこと）

説明的文章を読み解くためには，筆者が用いている説明の筋道を見抜くことが効果的。教材研究を行う中で，筋道を見抜くトレーニングを行いたい。

説明的文章の教材研究のベース

以下に説明的文章の教材研究のベースとなる案を述べます。

ステップは文学的文章と同じく5段階です（参考：国立教育政策研究所(2020)『「指導と評価の一体化」のための学習評価に関する参考資料』）。

1 指導事項の概観
2 教材文を読み，構成，内容，論理展開をつかむ
  ・どんな話題で，どんな結論か
  ・序論，本論，結論はどこで分かれるか
  ・本論はどこでいくつに分かれ，どのようなことが述べられているか
  ・本論ではどんな考え方が使われているか
3 生徒に考えさせたい中心を考える
  ・結論を述べるためにどんなことをどのように説明しているか
  ・筆者の主張に対してどのように考えるか
4 学習指導要領の指導事項で重点的に指導したいことを抽出する
5 単元展開と毎時のねらい，見方・考え方，評価を考える

説明するための筋道を見抜く

5段階のうち,教科会メンバーで共同して取り組みたいことは,2の「本論ではどんな考え方が使われているか」です。説明的文章の指導では,文章を大きく3つに分ける,各段落に書いてある要点を表にまとめるといったことはありますが,説明内容を順を追って理解するためには,説明するための筋道に合わせて文章を読み解くことが効果的です。

説明のための筋道の主なものは以下の3つです。
○比較(対比,類比)
○因果
○抽象―具体

この筋道を以下のように図式化し,その中に説明内容を入れていきます。

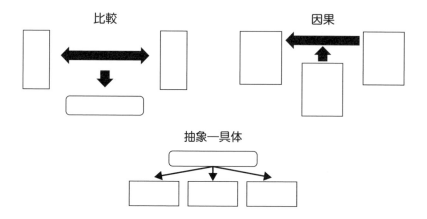

説明的文章の筋道を言葉や表で表すことは困難。簡単な図にすることで筋道を表すことが可能になり,お互いが考えたものを基に検討し合うことも容易となる。

第5章
定期テストと評価を充実させる

50 「どのクラスの平均点も上げる」という意識を共有する

教科会メンバーは互いを認め合い，協力し合う仲間。同時に，生徒にとってよりよい授業を目指すためのライバル。定期テストについては，仲間である意識を大切にしたい。

仲間であるとともにライバル

　4月に出会った教科会のメンバーは，1年間協力し合って仕事を進めていく大切な仲間です。同じ教科を教える教師同士ですから，専門的なことをアドバイスし合えるかけがえのない存在です。

　しかし，お互いの感情は，思ったことを言い合い，いつでもどこでも助け合える親友のような存在に対するものとは異なるでしょう。同じ教科の授業を担当する教師だからこそがもつライバル心も，仲間意識と同時にあるはずです。

　例えば，自分が国語を受けもっていない生徒と話をしていて，「○○先生の授業，とってもわかりやすい」ということを聞くと，**○○先生に対して尊敬の念とともに多少のジェラシーを感じたりするもの**です。

　ライバル心は，時として相手より自分の方が上回っていることを証明したいという気持ちにもつながっていきます。その典型と言えるのが，定期テストの平均点です。定期テストの平均点は数字として如実に表れるので，相手よりも自分が上回っていることを証明するのにはかなりわかりやすいものとなります。

　定期テストで他の教師よりも自分のクラスの平均点を上げよう，自分が受けもっている学年の平均点を上げようと思ったとき，生徒の理解が進むため

の指導法等を自分だけのものにするということが起きてしまうことがあります。極端になると，生徒に定期テストに出す問題の正答をほぼ教えて，他の教師には言わないように口止めをするようなケースが実際にあります。もちろん，こんなことは絶対に避けたいところです。

定期テストでお互いの平均点を上げ合うには

競争心がよくない方向で発露されてしまうのはよくあることです。しかし，そのことによって肝心の生徒が置き去りにされてしまうというのはもっとよくないことです。

したがって，1学期の中間テストの前，あるいは年度当初の教科会で，定期テストでの点取り競争は防ぎたいということや，協力して生徒に力をつけていきたいということを，主任が教科会メンバーに伝えるようにします。点取り競争をするよりも，お互いに点数を取らせ合うという発想で教科会メンバーが関わることが大切です。

そのためには，お互いの情報共有が大切になります。基本的な意識で言えば，経験の浅い教師がベテラン教師と同様の情報をもてるようにすることです。文法指導や漢字指導は，経験を積んでいくうちに，生徒を飽きさせず，ポイントを押さえた指導ができるようになっていくものです。

授業をしてみて，効果があったと思う指導は，惜しむことなく教科会メンバーと共有していくことで，お互いの授業力が高まりますし，お互いが担当するクラスの定期テストの平均点の向上へとつながります。

人間なので自分を大切にするあまりにずるい気持ちをもつのは当たり前。ずるさを共通認識したうえで，生徒全体のためにお互いの知恵を惜しみなく分かち合いたい。

51 作問を通して授業力を磨き合う

定期テストの問題や正答例をつくることで,授業の中で生徒にどんな問いを投げかけたらよいのか,どのように考えさせたらよいのかが見えてくる。

作問することのよさ

　部活動,生徒指導,学級事務など,国語の授業以外にもやらなければならないことはたくさんあるので,定期テストの問題を毎度ゼロから自作するというのはなかなか難しいものです。

　しかし,可能であれば教科会で検討して,作問担当者は1回の定期テストの大問1つの中でいくつかはオリジナルの問題をつくるようにできるとよいでしょう。例えば,『走れメロス』を扱う問題を5つ出すうちの2つはオリジナルの問題をつくるということです。

　オリジナルの問題をつくることのよさは,大きく2つあります。

　1つは,**授業がシャープになる**ことです。国語の授業,特に文学的文章の読み取りでは,生徒の答えが何種類も出てくる場合がよくあります。その中には妥当性の高いものもありますし,妥当性の弱いものもあります。テストをつくり,その正答例をつくることによって,どの答え,つまり読み取りが適切なのか,それはどのような根拠に基づくのかを教師側が改めて意識することにつながります。さらにこの意識が,日常の授業がぼんやりしたものにならないことにつながります。

　もう1つは,**発問の感覚が磨かれる**ことです。テストで問うことをごく大まかにいうと,次の2つになります。

○具体─抽象の関係を問う
○因果関係を問う

　例えば，「傍線アで述べられていることを言い換えている箇所を5字で書き抜きなさい」という問題は，具体─抽象の関係を問うものです。例えば「メロスが再び走り出したきっかけとなる出来事として最も適切なものを次のア〜エから1つ選び，記号で答えなさい」という問題は，因果関係を問うものです。
　この原則がわかっていると，授業をするときにも，どんなことを発問すると生徒の思考を鍛えられるのかがわかってきます。

教科会メンバーの腕を上げる

　教科会メンバーの作問する力を高め合うことは，お互いの授業力を高めることに直結します。妥当な正答例を考えることは授業をシャープにすることにつながり，具体─抽象や因果を基にして作問することは発問の感覚を磨くことにつながるからです。
　教科会メンバーの作問力を高め合うための1つの方法として，**1つの教材文を基にして全員が作問し，それを検討し合う**というものがあります。同じ文章を使っているのでお互いの考えは理解しやすいですし，教材文のどこを問うたらその教材文の特長を生かせるのかも検討しやすいです。

自作した問題は教科会メンバーが閲覧できるようにしておきたい。自分たちでつくった過去問を見て改良していくことも，より質の高い授業づくり，発問づくりに効果がある。

52 定期テストに初見の文章を使う

定期テストでは，授業で扱った教材を使って作問がなされる。しかし，授業で学んだことが生きて働く力となっているかをみるには，生徒にとって初見の文章を使うことも効果的。

授業で扱った教材で作問するよさと課題

一般的に，定期テストには授業で扱った教材を使って問題を出します。

『モアイは語る』を使って授業をしたら，『モアイは語る』の一部分を切り取ってそこから問題を出します。授業で指導したことから問題を出すということですから，毎回の授業に積極的に参加し，ノートをきちんと取っている生徒は正答率が高くなります。一方で，授業に真面目に参加しておらず，ノートをきちんと取っていない，テスト勉強をしていないという生徒は正答率が低くなります。

授業で扱った教材を使って作問することのよさとして代表的なことは，上であげたように，真面目にコツコツと勉強している生徒の努力が報われるということです。生徒がこの先の人生を送っていくために，適当に物事をこなすことをよしとせず，粘り強く努力を重ねることのよさを実感させるのはとても重要なことです。

一方で，生徒の応用力，活用力という点では疑問が生じます。授業で扱った教材から問題を出す場合，問題を解くために思考するというより，「あのとき先生なんて言ったかなぁ」「黒板になんて書いてあったっけなぁ」のように，記憶をたどるようなことになりがちです。そうなると，**活用するための思考力をみるというよりも，記憶力をみるテストになってしまいます。**

初見の文章を使って作問することのよさ

　定期テストを「暗記テスト」にせず，授業で指導した思考力を測るものにするためには，生徒にとって初見の文章を使って作問するのがよいです。授業で扱った教材と同レベルの本文を使って，授業で行ってきた発問に対する考え方と同様の思考ができるようにすることで，生徒の思考力をみることができます。

手際よく初見の文章から作問するために

　生徒にとって初見の文章，しかも授業で扱った教材と同レベル，授業で読み取った考え方と同様のものが使える。そんな文章を探すのは至難の業です。出版されている書籍を手当たり次第に見ていくとか，教材文の著者が書いた別の文章を探すとか，考えるだけでもかなりのストレスです。

　比較的円滑に，上にあげた条件をクリアする文章を探すには，3つの方法があります。1つ目は，**教科書巻末に掲載されている「参考資料」を見る**ことです。「参考資料」の中には授業で扱った教材と関連する小説，評論が掲載されています。2つ目は，**過去の教科書を見る**ことです。『故郷』のような定番教材でないものは，改訂ごとに教材の入れ替えがあります。過去の教科書を見ると，現在は載っていない教材があります。3つ目は，**自校で使用している以外の教科書を見る**ことです。

　教材を見つけたら，授業で扱った教材で作問するのと同様の作問ができるところはないか検討します。

手間のかかる作業なので，年に1回は挑戦するという程度の合意から始め，協力して取り組みたい。見つけた文章は題名等をサーバーに上げておき，問題も保管すると，次年度も活用できる。

第5章　定期テストと評価を充実させる

53 「話す・聞く」「書く」の作問を工夫する

定期テストの大問には、「読むこと」領域ばかりではなく、「話すこと・聞くこと」「書くこと」も必要。作問は難しいが、具体を想定することで対応できる。

きっかけは全国学調

　かつて、定期テストに出す問題といえば、説明文、小説、文法、漢字でした。高校入試も同様でした。

　しかし現在、高校入試では「話すこと・聞くこと」「書くこと」からの出題は当たり前になり、定期テストにおいても同様になってきています。

　このきっかけになったのは、全国学力・学習状況調査です。この中で、「話すこと・聞くこと」や「書くこと」に関する問題が出され、入試や定期テストが後を追うようになりました。

「話すこと・聞くこと」「書くこと」の問題の必要性

　「話すこと・聞くこと」「書くこと」の単元では、例えばスピーチの録画や意見文等、生徒が活動したものが残る場合が多くあります。

　したがって、評定もそれらを基につければよい、評定の材料はあるのだから定期テストの問題をつくる必要はない、という考えもあります。しかし、スピーチの録画や意見文は活動の結果です。**どのように考えたらスピーチをつくることができるのか、意見文を書くことができるのかは、完成したものからは見えにくいもの**です。今後生徒が自分でスピーチをつくったり、意見文を書いたりするのに必要な思考力を見るためには、ペーパーテストも必要

になってきます。

作問の参考として

「話すこと・聞くこと」や「書くこと」について作問をするのは，ハードルが高いものです。大きな要因として**「設定」をつくることが難しい**という点があげられます。どんな目的で，どんな活動をしているのかという設定をつくり，それを生徒が具体的にイメージできるものにして，テスト用紙のサイズで収めるというのは，かなり面倒なことです。

このハードルを下げる方法を3つあげます。

1つ目は，**全国学調，あるいは高校入試の問題を参考にする**ことです。これらは，作問担当者が緻密に設定を考えて作成しています。したがって，問題を解こうとする生徒が誤解，誤読をする可能性も低いでしょう。

2つ目は，**教科書を利用する**ことです。教科書の状況設定はある程度の具体性をもって書かれています。また，長大にならないよう，端的に書かれています。話し合いの場面も具体的に示されています。教科書をモデルにして学習を進めていき，それぞれの学習過程で要点としたことが明確であれば，教科書を基に作問することが円滑にできます。

3つ目は，**本当の授業場面を基にする**ことです。実際の授業で，例えば，文章構成を学んだ授業等を切り取って出題します。ただ，この方法を使う際には，各クラスを指導している教科会メンバー同士が同様の課題設定をして，同様の展開をしていくことが，クラスによる不公平感を生まないために大変重要です。

教科書や実際の授業を使うことで，「話すこと・聞くこと」「書くこと」の作問はさほど大変なものではなくなる。時間をかけずに作問するため，時には手際よい作問の仕方の勉強会を開こう。

54 採点基準の検討を丁寧に行う

定期テストの作問をし，正答をつくり，教科会メンバーで検討する。丁寧な過程を踏んでも，実際のテストでは想定した正答以外にも正答となる解答が出現する。肝心なのはその対応。

テストで別解が生じる場合

　定期テストを行うと，特に国語科で多いのが，「出題者側が想定した正答とは異なるけれど，趣旨を考えればそれも正しい答えである」という，いわゆる「別解」が出現することです。

　別解が生じるのは主に次の3つの場合です。

　1つ目は，**字数制限した書き抜き問題**です。例えば「傍線部Aで筆者が述べていることが5文字で書かれている箇所がある。書き抜いて答えなさい」といった問題や，「『これ』は何を指すか，7文字で答えなさい」といった問題で，出題者側が生徒に見つけてほしい言葉ではないものの，確かにそれも当てはまるというケースです。

　2つ目は，**記号選択問題**です。例えば「傍線部Aと述べた『私』の心情として最も適切なものは次のア〜エのうちどれか。1つ選んで記号で答えなさい」といった場合に，出題者側が設定した正答以外にも当てはまるものがあるというケースです。

　ここまでにあげた2つのことが起きるのは，端的に言えば，出題者側の作問が甘かった，そして確認が緩かったことが原因です。正当になりそうな箇所や記号がいくつもありそうなのに，1つだけ答えることを求められるといった場合，テストを受ける生徒は非常に困ります。出題者側としても，悩ん

でほしいところではないところで悩ませてしまっていることになります。

　さて，3つ目は**記述式問題**です。例えば「『私』が故郷を離れていく場面に描かれている『月』の効果について，20文字以上25文字以下で説明しなさい」といった場合，生徒によって説明の仕方が異なります。授業で押さえてあっても，テストではそれぞれの生徒の語彙や思考の仕方等により，説明が異なります。対応としては，問題は簡単になりますが，作問時に，使用する語句を3つ示すなど，回答の幅を狭くする方法があります。

採点基準を確認する

　定期試験を終えたら教科会が開かれます。はじめに，教科会メンバーには，担当するクラスの答案をざっと見てもらいます。このときに，書き抜き問題と記号問題についての解答を確認してもらいます。正答として想定していなかったけれど出現頻度の高い解答に注意します。そのうえで，出現頻度の高い誤答を取り出し，本当に間違いとしてよいのかを検討します。また，その答えを正答あるいは誤答とする際どのように説明すればよいのかも検討します。

　次に，記述式問題の解答を確認します。使用する語句の条件設定をしてあると，ある程度説明内容を焦点化することが可能ですから，答えの幅は狭くなります。そのようにしていないときには，解答の考え方を一段階抽象化したところに観点を設定します。例えば，『故郷』の結末の「月」の効果について「未来への希望」という観点を設定すると，「これからの未来が明るくなるように願っている気持ちを表す効果」といった解答は正答になります。

定期テストにおいても，生徒に対する正答の条件の説明が求められる。生徒が納得できる説明にするためには，教科会で採点基準を丁寧に検討することが求められる。

第5章　定期テストと評価を充実させる　123

55 授業中の姿を どう評価するかを共有する

各単元,各授業,また様々な提出物に対して教師は評価をしていく。このときに,教科会メンバーによって生徒を見る観点や基準が異ならないように調整したい。

何を見て,どう評価するのか

「ある先生は授業中にノートを取らない生徒に対する評価が低いのに,ある先生は授業中にノートを取らなくても評価を下げない」とか,「ある先生は授業中の発言に対してそれが教師の発問の適切な答えとなっていなくてもたくさん発言すればよい評価をするのに,ある先生は発言の回数ではなく,発言の内容を重視する」といったように,教師によって評価対象と評価基準がバラバラであることは,生徒にとってよいことではありません。

特に,[主体的に学習に取り組む態度]については,各学校とも,どの場面をどう評価したらよいかが悩みどころであり,検討されているところでしょう。

例にあげた「ノートの取り方」「発言」については,コツコツ取り組める,積極的といった性格が表れているだけなので,[主体的に学習に取り組む態度]ではないということもできます。

一方で,本時の学習内容について,友だちの考えを書いたり,それに対する自分の考えを書いたりすることを詳しく丁寧にしていたら,それは「粘り強く学習に取り組む」態度そのものと言えるでしょう。同様に,間違いは多いけれど,発問内容に関わることを述べていたら「進んで学習に取り組む」態度と言えるでしょう。

［主体的に学習に取り組む態度］の評価は本当に難しいのですが，**「粘り強さ」「学習の見通し」といったキーワードと，本時の学習内容を観点にして，具体的な姿を基に生徒のどこを見てどのように評価するかを教科会で共有し，自分たちなりに意思統一することが大切**です。

記録を大切に

　［思考・判断・表現］の評価は「記録」が大切になります。

　授業を進めていく中で，協働追究のときに挙手して発言する生徒も中にはいますが，学年を追うごとに少なくなる場合が多いでしょう。また，発言自体もボソボソ言っていて聞き取りにくいということがよくあります。**学級集団全体を前にして自分の考えを積極的に述べることができないという姿は，発達段階としては健全なもの**です。

　そこで大切になるのが記録です。

　スピーチをつくったり，意見文を書いたりする単元であれば，学習過程に沿ってメモなどをつくっていくでしょう。それが大切な記録になります。

　小説や論説を読む場合，気をつけたいことがあります。

　それは，**授業終末に個人追究と協働追究を経て更新された自分の考えを書く時間を取る**ことです。これがないと，1時間の学びを経た姿を評価する材料がありません。生徒にとっては1時間の学びのまとめになります。

　また，スピーチや話し合いについては，学習用端末での録画が記録になります。録画したものは生徒も自身の姿を振り返る材料として活用することができます。

［主体的に学習に取り組む態度］の評価や，「読むこと」の単元での1時間の授業の終末のまとめについての意思統一は，年度はじめの教科会で丁寧に行っておきたい。

おわりに

　国語科教科会には複数の教員が属します。学校によって，教科会メンバーの関わり方には大きく違いがあります。

　1つは，お互いの授業についてあえて干渉しないという関わり方です。
　お互いに国語科専門の教師。お互いに専門家なのだから，自分の教え方がある。それでこれまでもやってきている。だから，他の教師に自分の教え方についてとやかく言われたくない。
　そういった思いにより，お互いの授業には干渉しないというものです。
　もう1つは，教科会メンバーの授業を自由に参観し合い，その授業に対して，お互いが感じたことや思ったことを伝え合うという関わり方です。
　お互いが国語科専門の教師。国語科専門だからこそ，その知識や技術は更新し続ける必要がある。更新していくためには，他の教師の授業を参観し具体を見ること，そして，その教師がどのような意識で授業をつくっているのかを知ることは大変有益なことだ。
　そういった思いにより，相互参観が自由に行われているというものです。

　上にあげた2種類の例で，国語科教師が「大切にしているもの」はそれぞれ何でしょうか。
　はじめに示した学校の教員の場合，大切にしているものは「自分」でしょう。後で示した学校の教員の場合，大切にしているものは「生徒」でしょう。
　自分を一番に考える先生と，生徒を一番に考える先生だったら，生徒としては，生徒を一番に考える先生に教えてほしいと思うでしょう。
　本書を読んでくださる国語科主任の先生方には，当然のことながら，生徒を一番に考える国語科教科会をつくっていただきたいと思いますし，生徒を一番に考え，お互いから学び合う教師でありたいということは，実際は多く

の先生が思っていることでしょう。ところが，はじめの例で述べたような教師集団となっている学校は数多くあります。

　その原因は何でしょうか。私自身の反省から言えば，「はずかしさ」「自信のなさ」です。私自身が国語科主任をしていた際，自分の授業を同僚に開くことにはやはり抵抗がありました。専門職としてのプライドを盾にしつつ，内実は「同じく専門の教師から見られることで，自分の実力のなさを見透かされるのではないか」という思いが強くありました。

　目の前の生徒が多様化する中で，教師の授業の幅を広げ，授業力を向上させていくことは，生徒個々に対して国語科の学力をつけていくために，そして，授業を安定させるために必須となっています。
　そのためには，教科会メンバーが互いの授業に学び合い，高め合うこと，そして，みんなで一定水準以上の授業を行い，教科会メンバー全員が同じように生徒・保護者から信頼されることが必要でしょう。
　ただ現在，互いに授業を開くことに対して抵抗があるという学校の場合，お互いの授業を見合い，学び合うことは容易ではありません。そこでまずは，主任が授業を見せていく，自分の仕事を見せていく，そして，意見をもらうことが必要となります。そうすることは，他の教科会メンバーの心を動かすことに確実につながります。
　教科の円滑な運営は，教科会メンバーのみならず，学校全体にも関わる大切なことですが，教科会の人的財産を生かして，授業力を向上し合うことも国語科主任として大切にしていきたいものです。

　最後になりますが，明治図書出版の矢口郁雄氏には，本書の企画から大変お世話になりました。心より感謝申し上げます。

2025年2月

小林康宏

【著者紹介】
小林　康宏（こばやし　やすひろ）

長野県生まれ。横浜国立大学大学院修了後，長野県内の公立小中学校に勤務。元長野県教育委員会指導主事。現和歌山信愛大学教授。日本国語教育学会理事。全国大学国語教育学会会員。きのくに国語の会顧問。東京書籍小学校国語教科書「新しい国語」，中学校国語教科書「新しい国語」編集委員。

単著に『言葉による見方・考え方とは何か』『小学校国語授業思考ツール活用大全』『小学校国語「書くこと」の授業づくりパーフェクトガイド』『中学校国語　文学の発問大全』『中学校国語の板書づくり　アイデアブック』『WHYでわかる　HOWでできる　中学校国語授業アップデート』『中学校　国語の授業がもっとうまくなる50の技』（以上，明治図書），『中学校国語　思考モデル×観点で論理的に読む　文学教材の単元デザイン』『中学校国語　問題解決学習を実現する「見方・考え方」スイッチ発問』『問題解決型国語学習を成功させる「見方・考え方」スイッチ発問』『小学校国語「見方・考え方」が働く授業デザイン』（以上，東洋館出版社）他多数。

実務が必ずうまくいく
中学校　国語科主任の仕事術　55の心得

2025年3月初版第1刷刊	©著　者	小　林　康　宏
	発行者	藤　原　光　政
	発行所	明治図書出版株式会社
		http://www.meijitosho.co.jp
		（企画）矢口郁雄　（校正）大内奈々子
		〒114-0023　東京都北区滝野川7-46-1
		振替00160-5-151318　電話03(5907)6701
		ご注文窓口　電話03(5907)6668

＊検印省略　　　　　組版所　株式会社　木　元　省　美　堂

本書の無断コピーは，著作権・出版権にふれます。ご注意ください。

Printed in Japan　　　　　ISBN978-4-18-450633-6
もれなくクーポンがもらえる！読者アンケートはこちらから→